교과서가 쏙쏙
초등부터
수능독해

초등
6학년

지은이 **김희정**

고려대학교에서 국어국문학을 전공하고, 교과서와 교재 대표 출판사인 천재교육에서 10년,
비상교육에서 20년간 근무했습니다. 30년 동안 초·중·고교 학생들을 위한 효과적인 학습 방법을
연구하며 교재와 교과서를 만들어 왔습니다. 자기 주도 학습을 위한 교재인 '완자'를 개발하고,
한 권으로 국어 학습을 끝낼 수 있는 '한끝 국어'를 기획했습니다. 초등과 고등 학습을 연계한 도서가
학생들에게 필요하다고 생각하던 차에, 초등 교과서만 제대로 읽어도 수능 독해 지문을 읽을 수 있는
《교과서가 쏙쏙 초등부터 수능 독해》를 내게 되었습니다. 국어를 가르치는 일에 관심이 많아
한국어 교사 자격증을 취득하여 일본인에게 한국어를 가르치는 일도 하고 있습니다.
알고 있는 지식을 필요한 누군가에게 나누는 일에 보람과 즐거움을 느낍니다.

교과서가 쏙쏙
초등부터 수능 독해

1판 1쇄 발행일 2024년 5월 7일

지은이 김희정 **그림** 박은애 **펴낸곳** (주)도서출판 북멘토 **펴낸이** 김태완
편집주간 이은아 **편집** 김경란, 조정우 **디자인** 구민재page9, 안상준 **마케팅** 강보람, 민지원, 염승연
출판등록 제6-800호(2006. 6. 13.)
주소 03990 서울시 마포구 월드컵북로 6길 69(연남동 567-11) IK빌딩 3층
전화 02-332-4885 **팩스** 02-6021-4885

🏠 bookmentorbooks.co.kr   ✉ bookmentorbooks@hanmail.net
📷 bookmentorbooks_ _   Ⓑ blog.naver.com/bookmentorbook

ⓒ 김희정 2024

ISBN 979-89-6319-581-0 63700

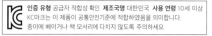

초등
6학년

초등 교과서만 제대로 읽어도
— 수능이 읽힌다! —

교과서가 쏙쏙
초등부터
수능독해

김희정 지음

북멘토

이 책의 특징

초등 교과서의 내용이 수능과도 연결된다는 걸 알고 계신가요? 국어, 사회, 과학 과목의 초등 교과서만 꼼꼼히 읽어도 수능 독해를 대비할 수 있습니다. 글을 잘 읽으려면 어휘를 알아야 하고, 문장 구조를 파악해 글쓴이가 말하고자 하는 의도를 찾아내야 합니다. 그런데 배경지식이 있다면 모르는 어휘가 나와도 문맥 속에서 의미를 파악하는 힘이 생깁니다.

《교과서가 쏙쏙 초등부터 수능 독해》는 최근 사회 전반으로 관심이 높아진 문해력을 기를 수 있도록 구성한 책입니다. 초등 교과서와 대학 수학 능력 시험 국어 영역 지문 중 주제가 비슷한 것을 묶어 제공하고, 교과서 내용을 바탕으로 독해 훈련을 할 수 있도록 했습니다. 그런 다음 수능형 지문을 접하도록 해서 길고 어려운 글을 거부감 없이 읽을 수 있게 합니다. 또한 영역별로 다양한 텍스트를 활용해 어린이들이 독해 능력을 실질적으로 향상할 수 있도록 했습니다. 단순히 글 읽기를 넘어서 다양한 상황의 맥락을 파악하고 분석하며 글을 창의적으로 읽는 방법을 연습함으로써 여러 분야 텍스트의 독해 능력을 높이고 전반적인 독서 능력을 기를 수 있습니다.

1단계
그림이나 만화 또는 친숙한 생활 관련 상황을 재미있는 그림으로 담아 글 읽기의 진입 장벽을 낮춥니다.

2단계
국어, 사회, 과학 교과서 지문을 활용한 친숙한 글을 통해 어휘와 문장 구조 파악하는 법을 익힙니다.

3단계
2단계와 비슷한 주제의 수능 지문을 활용한 긴 글을 통해 구조적이고 분석적인 독해 방법을 익힙니다.

그림과 함께 읽기

재미있는 그림을 보면서 상황의 맥락을 파악하고 기본적인 어휘를 익힙니다. 숨은그림찾기, 만화, 포스터, 풍속화, 동화 속 장면 등 어린이의 흥미를 유발할 수 있는 재미있는 그림을 통해 상황과 맥락을 파악하고 다양한 독해 요소를 이끌어 냅니다. 초등 성취 기준을 바탕으로 학년별로 필요한 어휘 학습이 가능하도록 구성했습니다.

초등 교과서 읽기

초등학교 국어, 사회, 과학 영역 교과서 내용을 응용한 짧은 글을 통해 다음 단계의 긴 글 읽기에 필요한 독해 연습을 할 수 있도록 구성했습니다. 1단계보다 높은 수준의 어휘와 문장 구조를 파악하는 능력을 기를 수 있습니다. 교과 내용을 중심으로 구성하여 학년별 수준을 맞추고 교과 이해도 가능하도록 했습니다.

수능형 지문 읽기

대학 수학 능력 시험 출제 지문과 평가 모의 고사 지문을 어린이들의 수준에 맞게 재구성하여 학생들이 다양한 분야의 지식을 습득하고 글 읽기의 시야도 확장할 수 있도록 했습니다. 앞의 두 단계 독해법을 통해 얻은 배경지식과 어휘 등을 바탕으로 긴 글을 구조적이고 분석적으로 읽는 독해 능력을 기를 수 있습니다. 이를 바탕으로 다른 분야의 텍스트 읽기로 독서 능력을 확장할 수 있습니다.

이 책의
구성과 활용법

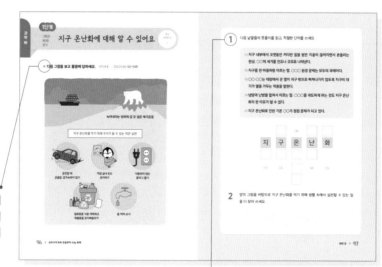
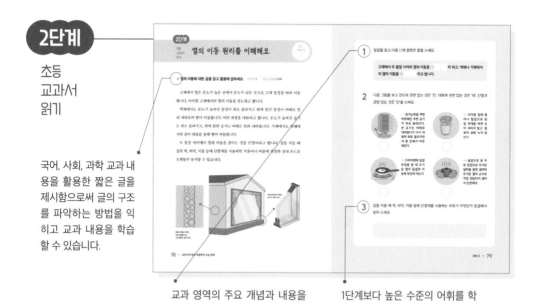

3단계

수능형
지문
읽기

국어, 사회, 과학 교과와 관련하여 긴 글의 독해 훈련에 중점을 둔 지문을 제시합니다.

● 3단계에서는 어휘, 이해, 응용 영역으로 나뉘어 글을 분석적으로 읽는 방법을 학습할 수 있습니다.

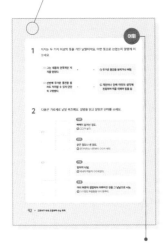

어휘 영역에서는 단어를 긴 글과 문장의 맥락 속에서 파악하는 연습을 합니다.

이해 영역에서는 글의 주제와 내용을 정확히 이해할 수 있도록 주요 정보를 요약해 익힐 수 있는 문제를 제시합니다.

응용 영역에서는 긴 글을 읽고 얻은 정보를 바탕으로 이해를 확장하고 다른 분야와 연계하여 활용할 수 있는 수능형 문제를 제시합니다.

이 책의
차례

제목

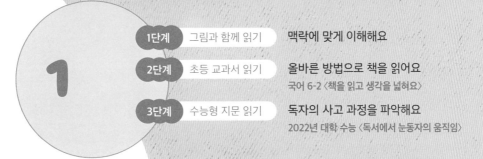

1

1단계 그림과 함께 읽기 — 맥락에 맞게 이해해요

2단계 초등 교과서 읽기 — 올바른 방법으로 책을 읽어요
국어 6-2 〈책을 읽고 생각을 넓혀요〉

3단계 수능형 지문 읽기 — 독자의 사고 과정을 파악해요
2022년 대학 수능 〈독서에서 눈동자의 움직임〉

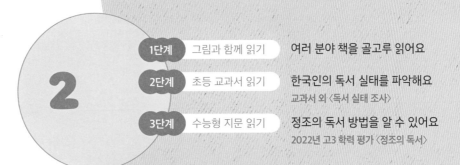

2

1단계 그림과 함께 읽기 — 여러 분야 책을 골고루 읽어요

2단계 초등 교과서 읽기 — 한국인의 독서 실태를 파악해요
교과서 외 〈독서 실태 조사〉

3단계 수능형 지문 읽기 — 정조의 독서 방법을 알 수 있어요
2022년 고3 학력 평가 〈정조의 독서〉

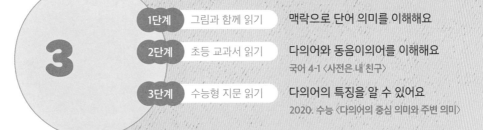

3

1단계 그림과 함께 읽기 — 맥락으로 단어 의미를 이해해요

2단계 초등 교과서 읽기 — 다의어와 동음이의어를 이해해요
국어 4-1 〈사전은 내 친구〉

3단계 수능형 지문 읽기 — 다의어의 특징을 알 수 있어요
2020. 수능 〈다의어의 중심 의미와 주변 의미〉

1단계

그림과
함께
읽기

맥락에 맞게 이해해요

읽고
공부한 날
/

❖ 그림을 잘 보고 물음에 답하세요. 문제·1~3 정답과 도움글·118쪽

소화
① 섭취한 음식물을 분해해 영양분을 흡수하기 쉬운 형태로 변화시키는 일.
② 배운 지식이나 기술 등을 충분히 익혀 자기 것으로 만듦을 비유적으로 이르는 말.

1 앞의 그림을 보고 다음 문장의 □에 적절한 말을 쓰세요.

> 어떤 현상이나 사물을 비슷한 현상이나 사물에 빗대어 표현하는 것을
> □□□ 라고 한다.

2 앞의 그림을 보고 내용에 맞게 □에 알맞은 말을 쓰세요.

비유하는 대상	비유하는 표현	비유한 까닭
(1) □	음식	음식은 몸에 영양을 공급하고, 이것은 정신에 지식을 공급한다.
사상이나 지식 등을 글과 그림으로 담아 인쇄한 것	음식을 먹고 (2) □□ 시키는 것	음식을 먹고 (3) □□ 시켜야 몸에 영양이 공급되는 것처럼, 책의 내용을 이해해야 자기 것이 된다.

3 다음 제시 문장을 읽고 책의 종류에 맞는 비유어를 줄로 이으세요.

> 어떤 책은 맛보고, 어떤 책은 삼키고, 어떤 책은 잘 씹어서 소화해야 한다.

(1) 삶의 지혜를 얻고 싶은 책   •   • ㉠ 맛본다.

(2) 정보를 얻기 위해 읽는 책   •   • ㉡ 삼킨다.

(3) 가볍게 흥미를 주는 책   •   • ㉢ 씹어서 소화한다.

올바른 방법으로 책을 읽어요

❖ **독서의 방법에 관한 글을 읽고 물음에 답하세요.** (문제·1~3) (정답과 도움글·118쪽)

책을 읽는다는 것은 눈으로 글자를 읽는 것만이 아닙니다. 책을 읽는다는 것은 책 속 인물, 작가, 세상과 대화를 나누는 일입니다.

책을 깊이 있게 읽으려면 새롭게 알게 된 내용에 표시하면서 읽으면 좋습니다. 집중이 잘 안 될 때는 첫 문장부터 다시 읽을 필요도 있습니다. 모르는 단어가 나올 때는 앞뒤 문장을 다시 읽으며 그 단어 뜻을 짐작해 가면서 읽습니다.

책을 읽을 때는 자신의 지식이나 경험을 활용해서 읽습니다. 지식이나 경험을 활용해 글을 읽으면, 아는 지식이 나왔을 때 더 재미있게 읽게 됩니다. 내가 아는 내용과 책 속 내용을 비교해 보기도 하고, 이미 아는 내용에 새롭게 안 내용을 더하면 글 내용을 더 오래 기억할 수 있습니다.

책을 읽는 목적에 따라 읽는 방법도 달라질 수 있습니다. 일상의 즐거움을 위해 읽는 것이라면, 가볍게 읽으면 됩니다. 정보를 찾는 것이 목적이라면, 알고자 하는 정보를 찾기 위해 꼼꼼히 읽도록 합니다. 삶의 지혜를 얻고 변화를 바란다면 책을 읽고 실천하는 자세가 필요합니다.

1 앞글을 읽고 다음 제시 문장의 □에 알맞은 말을 쓰세요.

책을 읽는 것은 책 속 인물들과 작가, 세상과   를 나누는 것이다.

2 앞글을 읽고 내용에 맞게 줄로 이으세요.

(1) 즐거움을 얻고자 읽는 책   •

(2) 정보를 찾고자 읽는 책   •

(3) 지혜를 얻고자 읽는 책   •

  • ㉠ 꼼꼼히 읽어야 함.

  • ㉡ 가볍게 읽을 수 있음.

  • ㉢ 내용대로 실천하는 자세가 필요함.

3 책을 더 빨리 읽을 수 있다고 생각되는 쪽에 모두 V 표 하고 그 이유를 쓰세요.

◯ 어려운 단어가 많은 책

◯ 아는 내용이 있는 책

◯ 재미로 읽는 책

◯ 평소에 관심이 없던 주제의 책

◯ 쉬운 단어로 쓰인 책

◯ 낯선 내용이 많은 책

◯ 정보를 찾기 위한 책

◯ 평소에 흥미가 있던 주제의 책

● 이유 :

독자의 사고 과정을 파악해요

❖ 다음 글을 잘 읽고 물음에 답하세요. 문제·어휘/이해/응용   정답과 도움글·118~119쪽

가   글을 읽는 동안 독자의 사고 과정을 밝힐 수 있는 방법 중 하나가 책을 읽는 독자의 눈동자 움직임을 분석하는 방법이다. 이것은 사고 과정이 눈동자의 움직임에 반영된다고 보고 그 특성을 분석하는 방법이다.

나   눈동자 움직임에 주목한 연구에 따르면, 글을 읽을 때 독자는 자신이 중요하다고 판단한 단어나 생소하다고 생각한 단어를 중심으로 읽는다. 글을 읽을 때 독자는 눈동자를 단어에 멈추는 '고정', 고정과 고정 사이에 일어나는 '도약'을 보였다. 도약은 한 단어에서 다음 단어로 이동하는 짧은 도약과, 단어를 건너뛰는 긴 도약으로 구분된다. 고정이 관찰될 때는 단어의 의미 이해가 이루어졌지만, 도약이 관찰될 때는 건너뛴 단어의 의미 이해가 이루어지지 않았다. 글을 읽을 때 독자가 생각하는 단어의 중요도나 친숙함에 따라 눈동자의 고정 시간과 횟수, 도약 길이와 방향도 달랐다. 독자가 중요하거나 생소하다고 생각한 단어일수록 고정 시간이 길었다. 이러한 단어는 독자가 글의 진행 방향대로 읽어 가다가 되돌아와 다시 읽는 경우도 있어 고정 횟수도 많았고, 이때의 도약은 글의 진행 방향과는 다르게 나타

났다. 중요한 단어나 생소한 단어가 연속될 때는 그 단어마다 눈동자가 멈추면서 도약의 길이가 짧았다.

(다) 눈동자 움직임의 양상은 독자의 읽기 능력이 발달하면서 변화한다. 읽기 능력이 발달하면 이전과 같은 수준의 글을 읽거나 전에 읽었던 글을 다시 읽을 때, 단어마다 눈동자를 고정하지는 않게 되어 ㉠이전보다 고정 횟수와 고정 시간이 줄어들고 단어를 건너뛰는 긴 도약이 자주 일어나는 모습이 관찰된다. 학습 경험과 독서 경험이 쌓이면서 글의 구조에 대한 지식과 아는 단어, 배경지식이 늘어나기 때문이다. 또한 읽기 목적을 분명하게 인식하게 되면서 글에서 중요한 단어를 정확하게 선택할 수 있게 되는 것도 그 이유 중 하나이다. 이때 문맥을 파악하기 위해 이미 읽은 단어를 다시 확인하려는 도약, 앞으로 읽을 단어를 먼저 탐색하는 도약 등이 빈번하게 나타난다.

1 다음 단어를 맞는 뜻끼리 줄로 이으세요.

(1) **반영** •

(2) **고정** •

(3) **비약** •

(4) **빈번** •

• ㉠ 일정한 장소나 상태에 있어서 움직이지 않음.
예 문서들이 섞이지 않게 클립으로 ○○을 시키자.

• ㉡ (어떤 일이나 현상이) 일어나는 횟수가 매우 잦다.
예 최근 산불이 ○○하게 발생하고 있다.

• ㉢ 다른 것에 영향을 받아 어떤 현상이 나타남.
예 현실의 ○○

• ㉣ 말이나 생각 따위가 일정한 단계나 순서를 따르지 않고 건너뜀.
예 그의 이야기는 논리의 ○○이 심하다.

2 다음 제시 문장의 밑줄 그은 부분과 바꾸어 쓸 수 있는 단어를 앞글에서 찾아 □에 쓰세요.

(1) 나는 그의 행동 하나하나를 <u>눈여겨보았다.</u>

└ □□ 하였다.

(2) 그는 처음 보는 사람인데도 전혀 <u>낯설지</u> 않았다.

└ □□ 하지

1 앞글의 내용을 가장 적절히 이해한 것을 고르세요. (   )

① 글을 읽을 때 눈동자의 움직임은 독자의 사고 과정에 영향을 받는다.

② 눈동자의 움직임을 분석하는 방법을 사용하지 않으면 독사의 사고 과정을 밝힐 수 없다.

③ 독자가 느끼는 글의 어려움 정도는 독자의 눈동자 움직임 양상에 영향을 주지 않는다.

④ 눈동자 움직임 분석 방법에 따르면 독자는 자신에게 친숙한 단어일수록 중요하다고 판단한다.

⑤ 글을 읽을 때 독자가 중요하다고 생각하는 단어의 빈도는 눈동자 움직임에 영향을 주지 않는다.

2 다음은 앞글을 읽은 학생이 ㉠에 대해 보인 반응이에요. 다음 밑줄에 들어갈 내용으로 적절하지 <u>않은</u> 것을 고르세요. (   )

읽기 능력이 발달하면 _____ 나에게도 이러한 현상이 나타날 수 있겠군.

① 글을 깊이 있게 이해하기 위해 꼼꼼히 읽을 때

② 글과 관련된 배경지식을 적극적으로 활용하여 읽을 때

③ 다양한 글을 읽어서 글 구조를 잘 이해할 수 있을 때

④ 배우고 익힌 내용이 쌓여 아는 단어가 많아졌을 때

⑤ 읽기 목적에 따라 중요한 단어를 정확하게 고를 수 있을 때

1 다음은 학생이 자신의 읽기 과정을 기록한 글이에요. 문단 (나)를 바탕으로 ㉠~㉤를 분석한 내용으로 적절하지 <u>않은</u> 것을 고르세요. (   )

> <독서의 새로운 공간>이라는 글을 읽으며 우선 글 전체에서 ㉠<u>중요하다고 생각하는 단어만 확인하는 읽기</u>를 했다. 이를 통해 '도서관'에 대한 내용이라는 것을 확인하고 ㉡<u>글의 진행 방향</u>에 따라 읽어 나갔다. '장서'라는 단어 뜻을 알 수 없어서 ㉢<u>앞에 읽었던 부분으로 돌아가서</u> 다시 읽고 나니 문맥을 통해 '도서관에 소장된 책'이라는 의미임을 알게 되었다. 이후 도서관의 등장과 역할 변화가 글의 주제라는 것을 파악하고서 ㉣<u>그와 관련된 단어들에 집중</u>하며 읽어 나갔다. '파피루스를 대신하여 양피지가 사용되었다.'라는 문장을 읽을 때 ㉤<u>'대신하여'와 달리 '파피루스'와 '양피지'처럼 생소한 단어는 하나씩 확인</u>하며 읽었다.

① ㉠ : 중요하다고 생각하는 단어에서는 고정이 일어났을 것이다.

② ㉡ : 도약이 진행되는 동안에는 건너뛴 단어의 의미 이해가 이루어지지 않았을 것이다.

③ ㉢ : 글이 진행되는 방향과 반대 방향의 도약이 나타났을 것이다.

④ ㉣ : 글의 주제와 관련이 없는 단어들을 읽을 때보다 고정 시간이 짧고 고정 횟수가 적었을 것이다.

⑤ ㉤ : 중요하지 않고 익숙한 단어들로만 이루어진 동일한 길이의 문장을 읽을 때보다 고정 시간이 길었을 것이다.

2 다음은 학생들이 책을 읽는 모습을 설명한 글이에요. 앞글의 내용과 거리가 <u>먼</u> 것을 고르세요. (　　　)

① 가영이는 환경 문제에 관심이 많다. 최근 환경 관련 방송을 보고, 그 방송에서 환경 문제를 설명하는 사람이 쓴 책을 읽었다. 방송을 봐서 미리 알게 된 내용은 '도약'할 수 있어서 예전보다 빨리 읽을 수 있었다.

② 나라는 예전에 〈양반전〉을 재미있게 읽어서 같은 작가의 〈허생전〉도 읽게 되었다. 〈양반전〉은 초등학생을 대상으로 쉽게 풀어 쓴 책이었는데 〈허생전〉은 중학생을 대상으로 쓴 책이라서 어려운 단어가 많았다. 생소한 단어가 나오면 그 단어에 눈동자가 멈추는 '고정'이 일어났다.

③ 다정이는 천체와 관련된 책을 읽었다. 항성과 행성의 차이를 구분하지 않고 읽다가 중간 부분쯤 읽었을 때, 이 둘이 차이가 있다는 것을 알게 되었다. 앞에서 어떻게 설명되었는지 다시 확인하고 싶어서 앞으로 돌아가 항성과 행성 단어만 찾아봤다. 도약이 글의 진행 방향과 다르게 나타났다.

④ 라율이는 '세계 탈춤 축제 조사'라는 과제를 하려고 도서관에서 책을 빌렸다. 도서관에 있는 다양한 책 가운데 제목에 세계 문화나 탈춤이라는 단어가 나오면 눈동자가 고정되었다. 책을 읽을 때도 페이지를 넘길 때 탈춤이라는 글자가 나오면 눈동자가 고정되는 경우가 많았다.

⑤ 마음이는 교과서에서 국회 의원이 하는 일에 대해 읽었다. 내용이 어려워서 읽는 데 시간이 꽤 걸렸다. 얼마 전 국회 의원 선거가 열렸는데, 부모님이 국회 의원이 하는 일에 대해 자세히 알려 주셨다. 설명을 듣고 교과서를 다시 보니 설명을 듣기 전보다 국회 의원 선거가 나오는 대목에서 눈동자의 고정 횟수와 고정 시간이 늘어났다.

1단계

그림과
함께
읽기

여러 분야 책을 골고루 읽어요

읽고
공부한 날
/

❖ 그림을 잘 보고 물음에 답하세요. 문제 • 1~2 정답과 도움글 • 120쪽

1 '편식'의 한자를 보고 제시 글의 □에 알맞은 말을 쓰세요.

偏　　食

치우칠 편　　　먹을 식

한자 의미로만 보면 '치우쳐서 먹는다'는 말로, 특정 음식만 가려서 즐겨 먹는다는 뜻입니다. 이를 독서에 대입해서 보면 독서에서의 편식이라는 것은 어떤 특정한 　　　만 가려서 　　　　　　는 뜻입니다.

2 공공 도서관에서는 책을 분야별로 나눠 한국 십진 분류법(KDC)에 따라 다음과 같은 청구 기호를 붙여요. 책 표지를 보고 청구 번호가 몇 번으로 시작하는지 빈 곳에 머리 번호를 쓰세요.

한국 십진 분류법(KDC)에 따른 도서 청구 기호

000	총류	100	철학	200	종교	300	사회학	400	자연 과학
500	기술 과학	600	예술	700	언어	800	문학	900	역사

(1)　　　　　　(2)　　　　　　(3)　　　　　　(4)

❖ **국민 독서 실태 조사에 관한 글을 읽고 물음에 답하세요.** 문제·1~3 정답과 도움글·120쪽

　문화 체육 관광부에서는 2년마다 국민 독서 실태 조사를 실시하고 있습니다. 2021년에는 9월 1일부터 11월 12일까지 조사를 실시해서 2022년 1월에 결과를 발표했습니다.

　조사 결과, 초등학생이 1년 동안 읽은 책*의 평균 수는 66.6권으로, 2019년과 비교하면 20.3권 감소했습니다.

　독서 선호 분야를 조사한 결과, 초등학생은 '동화·소설(22.9%)'을, 중·고등학생은 '소설(34.0%)'을 선호한다고 밝혔습니다. 초등학생의 결과를 조금 더 살펴보면 '동화·소설' 다음으로 '역사·위인 이야기(14.8%)', '취미(13.4%)', '그림책(13.2%)' 순이었습니다.

　자기가 좋아하는 특정 분야의 책만 골라 읽으면 그 주제에 대한 지식이 풍부해질 수 있지만, 관심 분야 외에는 지식이 부족하거나 읽는 힘이 떨어질 수 있습니다. 자신의 독서 성향을 살피고 다양한 분야의 책을 읽는 것이 좋습니다.

● '종이책+전자책+오디오북'을 모두 합친 수량임.

1 앞글을 읽고 다음 제시 글의 (   ) 안 말 가운데 적절한 것에 ◯ 표 하세요.

2021년 초등학생이 읽은 책의 권수는 2019년에 비해 (줄었습니다 / 늘었습니다).

초등학생이 가장 좋아하는 책 분야는 (동화·소설 / 역사·위인 이야기) 입니다.

2 앞글의 내용과 일치하지 <u>않는</u> 것을 고르세요. (   )

① 초등학생이 1년 동안 읽은 책은 2년 전보다 감소했다.

② 초등학생, 중·고등학생 모두 소설 읽는 것을 선호한다.

③ 자기가 좋아하는 특정 분야의 책만 골라 읽는 것이 좋다.

④ 2019년 초등학생이 1년 동안 읽은 책의 평균 수는 86.9권이다.

⑤ 문화 체육 관광부에서는 2년에 한 번씩 국민 독서 실태 조사를 실시한다.

3 다음 기사문을 읽고 □에 들어갈 적절한 단어를 보기 에서 골라 쓰세요.

보기   실태   선호   감소   성향

초등학생을 대상으로 한 독서 교육 지원 서비스가 제공될 예정이다. 현재 초등학생들의 독서 (1)   를 조사한 결과 독서량이 (2)   하여 어휘력도 점점 떨어지고 있다는 것을 확인했다. 이 서비스는 재미있게 어휘를 익힐 수 있도록 학생들의 독서 이력과 (3)   을 분석하였고 학생들이 (4)   하는 게임 형식으로 만들어졌다.

정조의 독서 방법을 알 수 있어요

❖ **다음 글을 잘 읽고 물음에 답하세요.** 문제·어휘/ 이해/ 응용   정답과 도움글·120~121쪽

가

1 실용 실제로 씀. 또는 실질적인 쓸모.

2 무익 이롭거나 도움이 될 만한 것이 없음.

정조는 책을 아주 좋아하는 군주였다. 정조의 독서는 통치자의 시각에서 실용[1]을 중시했으며, 정조에게 실용적인 책이란 세상을 다스리는 데 도움 되는 책이었다. 그래서 정조는 옛날을 바탕 삼아 오늘을 비춰 보는 거울이 될 수 있다며 역사서에 경전 버금가는 의미를 부여했다. 그러나 소설은 실용에 무익[2]하고 마음을 방탕하게 한다고 여겨 단 한 권도 읽지 않았다. 책 형태와 책 읽는 자세도 중요하게 여긴 정조는 소매에 넣고 다니는 작은 책과 누워서 편히 보도록 만든 책상을 금했는데 이는 바른 자세로 앉아서 책을 읽어야 한다고 생각했기 때문이다.

나 학문이 도덕과 인륜을 다스리는 데 실제적인 도움을 줘야 한다고 생각했던 정조는 틀에 매이는 독서를 멀리했고 필요와 상황에 따라 유연하게 확장해 읽는 독서를 지향했다. 그래서 경전을 읽을 때 성인의 뜻을 잘 헤아리되 무조건 따라 읽어서는 안 되며, 자신의 필요에 따라 새롭게 해석하여 의문을 제기하고 생활에 쓰일 수 있는 독서를 해야 한다고 강조했다.

다 또한 "정밀히 살피고 밝게 분별하고 판단하여 몸과 마음으로 익히고 뜻을 깊이 이해하여 실천으로 이르지 않는다면 날마다 수레 다섯 대에 실을 분량의 책을 암송[3]한다 한들 자신과 무슨 상관이 있겠는가."라고 했다. 자잘하고 세세한 것에 얽매이지 말고 책에 담긴 뜻을 스스로 익혀서 이것을 실천하려고 노력하는 것이야말로 학문의 기본자세라 보았다.

3 암송 글을 보지 아니하고 입으로 욈.

라 정조는 독서 방법에 대해서도 여러 가지를 강조했다. 읽어야 할 내용과 분량을 매일 정해 놓는 것이 좋으며, 많은 책을 읽으려 하기보다 한 권을 읽어도 반복해서 살펴보고 치밀하게 읽어야 한다고 했다. 단번에 전체를 알려 하기보다 큰 흐름과 주요 내용을 먼저 파악하는 것이 중요하며, 책을 혼자 읽으면 관념에만 머물 위험이 있으므로 토론을 통해 책에서 배운 지식이 타당한지 돌아보고 생각을 바로잡아야 한다고 하였다. 정조는 책에 대한 이러한 생각을 삶에서도 실천하며 독서를 통해 자기 삶의 물음들에 대한 실질적인 해답을 얻어 나갔다.

1 (가) 문단에 나온 **버금가다**가 바르게 쓰이지 <u>않은</u> 문장을 고르세요. (   )

① 그림 그리는 실력이 그에 **버금간다**.

② 그는 왕에 **버금가는** 권세를 누렸다.

③ 이 회사의 스마트폰은 세계 최고 수준에 **버금간다**.

④ 모퉁이에 있는 냉면집은 맛이 **버금가서** 항상 사람이 붐빈다.

⑤ 그 화가의 작품은 웬만한 집 한 채 값에 **버금갈** 정도로 비싸다.

2 앞글에 쓰인 낱말 중 반대되는 의미끼리 연결되지 <u>않은</u> 것을 고르세요. (   )

① 중시 ⟷ 경시

② 확장 ⟷ 축소

③ 무익 ⟷ 유익

④ 치밀하다 ⟷ 상세하다

⑤ 실질적 ⟷ 상징적

1 앞글에서 확인할 수 있는 독서에 대한 정조의 생각으로 적절하지 <u>않은</u> 것을 고르세요. (　　)

① 세상을 다스리는 데 도움이 되는 책을 읽어야 한다.

② 책의 내용뿐만 아니라 책의 형태와 책을 읽는 자세도 중요하다.

③ 읽어야 할 책의 내용과 분량을 매일 정해 놓고 읽는 것이 좋다.

④ 수레 다섯 대에 실을 분량 정도의 많은 책을 읽는 것이 좋다.

⑤ 혼자서 책을 읽으면서 배운 지식은 토론을 통해 그 내용이 타당한지를 점검해야 한다.

2 다음은 앞글을 읽은 학생의 반응이에요. 이에 대한 설명으로 가장 적절한 것을 고르세요. (　　)

> 정조의 독서법에서 많은 것을 배울 수 있었어. 하지만 실용적인 책만 읽고 소설은 읽지 않았다니, 정조가 독서 편식을 한 건 아닌가? 소설도 분명히 도움이 되는 책인데 말이야. 정조가 소설을 부정적으로 본 이유가 더 자세히 설명되어 있는 책을 찾아봐야겠어.

① 독서에서 얻은 정보를 자신의 기준에 따라 선별하고 체계화하고 있다.

② 읽은 내용의 타당성을 판단하기 위해 다양한 관점들을 비교하고 있다.

③ 자신의 독서 목적을 고려하여 글의 생략된 부분에 보충할 내용을 찾고 있다.

④ 독서 과정에서 생긴 의문을 해소하려고 독서 계획을 추가로 세우고 있다.

⑤ 새로 접한 용어의 이해 정도를 자신의 배경지식을 바탕으로 점검하고 있다.

1 앞글을 읽고 다음 글의 ㉮, ㉯에 대해 적절히 이해한 것을 고르세요. (   )

> 《논어》한 권을 읽고, ㉮한 사람은 마치 자기 말처럼 다 외우지만, 막상 어떤 상황에 닥치면 일찍이 생각이 책 속에 미치지 못하고 그 행동하는 바를 살펴보면 읽은 것과는 한결같이 반대로 한다. 다른 ㉯한 사람은 능히 한두 장도 외우지 못하지만, 화나는 일이 생기면 문득 맹렬히 반성하여 이렇게 말한다. "《논어》중에 한 구절이 있는데 내가 그 말을 자세히 기억할 수는 없지만 생각해 보니 화가 날 때 마음대로 하면 뒤에 반드시 어려움이 있다는 식의 말이었다" 하고는 참고 화를 가라앉혔다.
>
> ― 홍길주, 〈수여방필〉

① 경전을 '자기 말처럼 다 외웠다'는 점에서 ㉮는 상황에 따라 경전을 새롭게 해석했다고 볼 수 있다.

② '읽은 것과는 반대로 한다'는 점에서 ㉮는 자신의 필요에 따라 유연한 독서를 지향했다고 볼 수 있다.

③ '능히 한두 장도 외우지 못한다'는 점에서 ㉯는 생활에 쓰일 수 없는 독서를 했다고 볼 수 있다.

④ '화나는 일이 생기면 문득 맹렬히 반성하였다'는 점에서 ㉯는 책에 담긴 뜻을 심신으로 체득하지 못했다고 볼 수 있다.

⑤ 《논어》중에 한 구절'을 떠올리며 화를 '참고 가라앉혔다'는 점에서 ㉯는 경전의 내용을 자신의 삶에서 실천했다고 볼 수 있다.

2 앞글을 읽고 친구들이 앞으로의 독서 계획을 세웠어요. 앞글의 내용에 가장 가까운 것을 고르세요. (   )

① 독서를 할 때 가장 중요하게 생각할 것은 실용이라고 했으니 앞으로 생활에 실제 도움이 되는 실용적인 책만 읽으려고 한다.

② 논어, 맹자 같은 옛사람들의 지혜가 담긴 경전을 읽을 때 무조건 따라 읽어서는 안 된다고 했으니 내 마음대로 해석해서 읽으면 된다.

③ 책에 담긴 뜻을 스스로 익혀서 이것을 실천하려고 노력하는 것이 중요하다고 했으니 배운 내용을 실생활에 적용해 보려고 한다.

④ 읽어야 할 책 내용과 분량을 매일 정해 놓는 것이 좋다고 했으므로 반드시 정해진 시간에 정해진 분량만 읽을 것이다.

⑤ 책을 혼자서 읽으면 관념에만 머물 위험이 있다고 했으니 항상 친구들과 함께 모여서 읽기로 했다.

맥락으로 단어 의미를 이해해요

읽고
공부한 날

/

❖ 데이브는 한국에 온 지 6개월 된 외국인이에요. 데이브와 민수의 대화를 잘 보고 다음 물음에 답하세요. 문제·1~3 정답과 도움글·121쪽

1 '나이를 먹다'라는 문장에서 '먹다'라는 말의 의미에 대해, 민수의 입장이 되어 데이브에게 친절하게 설명해 보세요.

2 '먹다'는 사전에 하나의 뜻으로 실려 있지만 의미가 확장되어 쓰여요. 왼쪽 항목의 뜻풀이에 맞는 적절한 예문을 오른쪽 항목에서 찾아 줄로 이으세요.

(1) 음식 따위를 입을 통하여 배 속에 들여보내다.

(2) 어떤 마음이나 감정을 품다.

(3) 일정한 나이에 이르거나 나이를 더하다.

(4) 욕, 핀잔 따위를 듣거나 당하다.

(5) 구기 종목 경기에서 점수를 잃다.

㉠ 하루 종일 욕만 되게 먹었네.

㉡ 음식을 배불리 먹다.

㉢ 상대편에게 먼저 한 골을 먹었다.

㉣ 한번 먹은 마음이 변하지 않도록 하자.

㉤ 나이를 먹으니 철이 드는 것 같다.

3 소리는 같지만 다른 뜻으로 쓰이는 '먹다'의 뜻풀이와 예문을 맞게 연결하세요.

(1) 음식 따위를 입을 통하여 배 속에 들여보내다.

(2) 귀나 코가 막혀서 제 기능을 하지 못하다.

㉠ 귀가 먹어서 남의 말을 잘 알아듣지 못하다.

㉡ 나는 점심으로 된장찌개를 먹었다.

다의어와 동음이의어를 이해해요

❖ **다음 글을 읽고 물음에 답하세요.** 문제·1~2   정답과 도움글·122쪽

　다의어란 한 단어가 여러 가지로 의미가 확장된 낱말의 집단으로, 여러 의미들은 유사성을 지닙니다. 기본적인 의미를 중심으로 하면서, 그 기본적 의미로부터 연상되는 주변적인 의미들을 가지고 있습니다. '다리'라는 단어를 예로 살펴보겠습니다.

　　㉮ 다리를 다치다.

　　㉯ 의자 다리가 부러졌다.

　　㉰ 다리가 부러진 안경

　㉮, ㉯, ㉰ 문장 속 '다리'라는 단어는 모두 몸이나 본체에 붙어 있는 긴 모양의 부위와 관련이 있습니다. ㉮ 문장에 쓰인 '다리'의 뜻이 가장 기본적인 의미이고 ㉯, ㉰ 문장 속 '다리'의 뜻은 그로부터 확장된 주변적인 의미에 해당됩니다.

　동음이의어란, '소리는 같지만 뜻이 다른 단어'라는 뜻으로, 소리가 우연히 같을 뿐 의미의 유사성은 없는 단어들을 말합니다.

　　1. 사람은 팔과 다리가 각각 두 개씩 있다.

　　2. 우리 마을 입구에는 나무로 만든 다리가 있다.

　위에서 말한 사람이나 동물의 신체의 일부인 '다리'와 물을 건너가게 만든 시설물인 '다리'는 소리는 같지만 뜻은 전혀 다르기 때문에 서로 다른 단어입니다.

1 앞글의 내용을 참고하여 다음 문장의 □에 적절한 말을 쓰세요.

          는 한 단어가 여러 가지 뜻으로 확장되어 쓰이기 때문에 사전
에는 한 개의 단어로 실립니다. 반면   는 뜻이 전혀 다른 단어
이기 때문에 사전에 각각의 단어로 실립니다.

2 다음 □에 들어갈 알맞은 단어를 쓰세요.

(1) □
  ┌ 가 부르다.
  ├ 를 맛있게 먹다.
  └ 를 띄우다.

(2) 바람이
    공을 → □
    향기로 가득

3 밑줄 친 두 단어가 다의 관계이면 '다', 동음이의 관계이면 '동'을 □에 쓰세요.

(1) <u>벌</u>에 쏘이다. / <u>벌</u>을 받다. □

(2) 산이 <u>높다</u>. / 수준이 <u>높다</u>. □

(3) <u>비</u>가 내리다. / 마당을 <u>비</u>로 쓸다. □

(4) 모자를 <u>쓰다</u>. / 글씨를 <u>쓰다</u>. □

(5) <u>아침</u>이 밝아 온다. / <u>아침</u>을 먹다. □

(6) <u>머리</u>가 아프다 / <u>머리</u>가 좋다. □

다의어의 특징을 알 수 있어요

❖ 다음 글을 잘 읽고 물음에 답하세요. 〔문제·어휘/이해/응용〕 〔정답과 도움글·122~123쪽〕

가   다의어란 한 단어의 뜻이 여러 가지로 의미가 확장된 낱말의 집합을 말한다. 다의어에서 기본이 되는 핵심 의미를 중심 의미라고 하고, 중심 의미에서 확장된 의미를 주변 의미라고 한다. 중심 의미는 일반적으로 주변 의미보다 언어 습득의 시기가 빠르며 사용 빈도가 높다. 그러면 다의어의 특징에 대해 좀 더 알아보자.

나   첫째, 주변 의미로 사용될 때는 문법적 제약이 나타나기도 한다. 예를 들면 '한 살을 먹다'는 가능하지만 '한 살이 먹히다'나 '한 살을 먹이다'는 어법에 맞지 않는다. 또한 '손'이 '노동력'의 의미로 쓰일 때는 '부족하다, 남다' 등 몇 개의 용언하고만 함께 쓰여 중심 의미로 쓰일 때보다 결합하는 용언 수가 적다.

다   둘째, 주변 의미는 기존 의미가 확장되어 생긴 것으로, 새로 생긴 의미는 기존 의미보다 추상성이 강화되는 경향이 있다. '손'의 중심 의미가 확장되어 '손이 부족하다', '손에 넣다'처럼 각각 '노동력', '권한이나 범위'로 쓰이는 것이 그 예이다.

라 셋째, 다의어의 의미들은 서로 관련성을 갖는다.

> 줄 (명사)
>
> ① 새끼 따위와 같이 무엇을 묶거나 동이는 데에 쓸 수 있는 가늘고 긴 물건.
>
> 예 줄로 묶었다.
>
> ② 길이로 죽 벌이거나 늘여 있는 것.
>
> 예 아이들이 줄을 섰다.
>
> ③ 사회생활에서의 관계나 인연.
>
> 예 내 친구는 그쪽 사람들과 줄이 닿는다.

예를 들어 '줄'의 중심 의미는 위 ①의 뜻인데, 길게 연결되어 있는 모양이 유사하여 ②의 뜻을 갖게 되었다. 또한 연결이라는 속성이나 기능이 유사하여 ③의 뜻도 지니게 되었다. 이때 ②와 ③은 '줄'의 주변 의미이다.

마 그런데 ㉠다의어의 의미들이 서로 대립적 관계를 맺는 경우가 있다. 예를 들어 '앞'은 '향하고 있는 쪽이나 곳'이 중심 의미인데 '앞 세대의 입장', '앞으로 다가올 일'에서는 각각 '이미 지나간 시간'과 '장차 올 시간'을 가리킨다. 이것은 시간의 축에서 과거나 미래 중 어느 방향을 바라보는지에 따른 차이로, 이들 사이의 의미적 관련성은 유지된다.

1 다음은 빈도가 들어간 문장이에요. □에 적절한 말을 보기에서 골라 쓰세요.

보기   낮다   높다   잦다

(1) 이곳은 교통사고 발생 빈도가 [ ][ ]. 일주일 사이에 벌써 네 번이나 사고가 났다.

(2) 요즘은 카드 사용이나 계좌 이체를 많이 해서 현금 사용 빈도가 [ ][ ].

(3) 이 병은 비만인 사람에게 발생 빈도가 [ ][ ]. 비만인 사람은 더 조심해야 한다.

2 라 문단에 설명된 '줄'의 뜻풀이에 맞는 예문을 찾아 알맞게 연결하세요.

(1) 물건을 묶을 때 쓸 수 있는 가늘고 긴 물건   •   • ㉠ 내 친구는 그쪽 사람들과 줄이 닿는다.

(2) 길로 죽 벌이거나 늘여 있는 것   •   • ㉡ 줄로 묶었다.

(3) 사회생활에서의 관계나 인연   •   • ㉢ 아이들이 줄을 섰다.

1 다의어에 대한 설명으로 맞지 <u>않는</u> 것을 고르세요. (   )

① 다의어의 뜻은 중심 의미와 주변 의미가 있다.

② 중심 의미는 일반적으로 주변 의미보다 빨리 익힌다.

③ 주변 의미는 일반적으로 중심 의미보다 사용 빈도가 높다.

④ 주변 의미로 사용되었을 때는 문법적 제약이 나타나기도 한다.

⑤ 주변 의미는 기존 의미가 확장되어 생긴 것이다.

2 앞글을 이해한 내용으로 맞지 <u>않은</u> 것을 고르세요. (   )

① '떡국을 먹다'의 '먹다'는 중심 의미로 쓰였지만, '나이를 먹다'의 '먹다'는 주변 의미로 쓰였다.

② '손님'에 쓰인 '손'은 사람의 팔목 끝에 달린 신체 부분인 '손'의 주변 의미로 쓰였다.

③ "할머니가 손자의 손에 용돈을 쥐여 주었다."의 '손'보다 "할머니의 손에서 자랐다."의 '손'의 의미가 더 추상적이다.

④ 다의어의 중심 의미와 주변 의미는 모양이나 기능, 속성이 비슷하여 서로 관련성이 있다.

⑤ 다의어의 의미들이 서로 대립적 관계를 맺는 경우도 있지만 이때도 의미적 관련성은 유지된다.

1 다음 보기 글의 대화 중 (마) 문단에 나오는 ㉠의 예가 되는 단어가 있어요.
보기 글을 잘 읽고 □에 알맞은 말을 쓰세요.

보기 영희 : 자꾸 말해서 미안한데 모둠 발표 자료 좀 줄래?

민수 : 너 빚쟁이 같다. 나한테 자료 맡겨 놓은 것 같네.

영희 : 이틀 뒤에 발표 사전 모임이라고 금방 문자 메시지가 왔었는데 지금
또 왔어. 근데 빚쟁이라니, 내가 언제 돈 빌린 것도 아니고······.

민수 : 아니, 꼭 빌려준 돈 받으러 온 사람 같다고. 자료 여기 있어. 가현이
랑 도서관에 같이 가자. 아까 출발했다니까 금방 올 거야.

영희 : 그래, 발표 끝난 뒤에 다 같이 밥 먹자.

이 글에서 보면 민수가 말한 (1) ☐☐☐ 는 '남에게 돈을 빌려준 사람'을
뜻하는 반면, 영희가 말한 (1) ☐☐☐ 는 '빚을 진 사람'을 뜻합니다. 즉
다의어 (1) ☐☐☐ 의 의미들이 서로 대립적 관계를 맺고 있는 것입니
다. 마찬가지로, 영희가 말한 (2) ☐☐ 은 '말하고 있는 시점보다 바로
조금 전에'를 뜻하는 반면, 민수가 말한 (2) ☐☐ 은 '말하고 있는 시
점부터 바로 조금 후에'를 뜻합니다. 즉 다의어 (2) ☐☐ 의 의미들이
서로 대립적 관계를 맺고 있는 것입니다.

2 이 글을 참고하여 추론한 내용으로 적절하지 <u>않은</u> 것을 고르세요. (　　)

① 사람의 감각 기관을 뜻하는 '눈'의 의미가 '눈이 나빠져서 안경의 도수를 올렸다'에서의 '눈'의 의미로 확장되었으니, '눈'의 확장된 의미는 기존 의미보다 더 구체적이겠군.

② '팽이를 돌리다'는 어법에 맞는데 '침이 생기다'는 뜻의 '돌다'는 '군침을 돌리다'로 쓰이지 않으니, '군침이 돌다'의 '돌다'는 주변 의미로 사용되었군.

③ '결론에 이르다'와 '포기하기에는 아직 이르다'에서 '이르다'의 의미들은 서로 관련성이 없으니 이 두 의미는 중심 의미와 주변 의미의 관계로 볼 수 없겠군.

④ '앉다'의 의미 중 '착석하다'의 의미로 쓰이는 빈도가 '요직에 앉다'처럼 '직위나 자리를 차지하다'의 의미로 쓰이는 빈도보다 더 높겠군.

⑤ 대부분의 아이들이 '별'의 뜻 중 '군인의 계급장'이라는 의미보다 '천체의 일부'라는 의미를 먼저 배우겠군.

사회

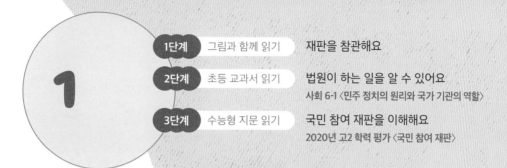

1

1단계 그림과 함께 읽기 　재판을 참관해요

2단계 초등 교과서 읽기 　법원이 하는 일을 알 수 있어요
사회 6-1 〈민주 정치의 원리와 국가 기관의 역할〉

3단계 수능형 지문 읽기 　국민 참여 재판을 이해해요
2020년 고2 학력 평가 〈국민 참여 재판〉

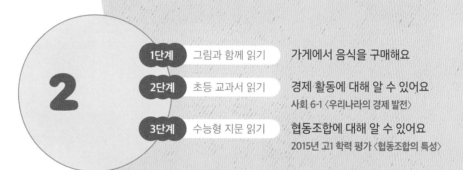

2

1단계 그림과 함께 읽기 　가게에서 음식을 구매해요

2단계 초등 교과서 읽기 　경제 활동에 대해 알 수 있어요
사회 6-1 〈우리나라의 경제 발전〉

3단계 수능형 지문 읽기 　협동조합에 대해 알 수 있어요
2015년 고1 학력 평가 〈협동조합의 특성〉

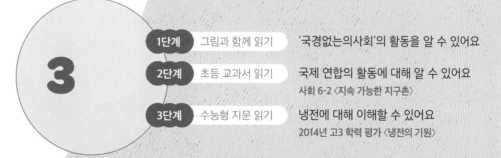

3

1단계 그림과 함께 읽기 　'국경없는의사회'의 활동을 알 수 있어요

2단계 초등 교과서 읽기 　국제 연합의 활동에 대해 알 수 있어요
사회 6-2 〈지속 가능한 지구촌〉

3단계 수능형 지문 읽기 　냉전에 대해 이해할 수 있어요
2014년 고3 학력 평가 〈냉전의 기원〉

재판을 참관해요

❖ 그림을 잘 보고 물음에 답하세요. [문제·1~2] [정답과 도움글·123~124쪽]

배심원

판사

증인

검사

변호인

피고인

방청석

법정의 구성은
그림과 같습니다.

1 재판에 참여하는 사람에 대한 다음 설명을 읽고 누구에 대한 설명인지 앞의 그림을 보고 찾아 쓰세요.

(1) 범죄 혐의자를 수사한 뒤 법원에 재판을 청구하고 범죄 사실을 증명합니다.

(2) 소송 당사자의 의뢰를 받아 무죄임을 증명하는 등 변론을 하며 소송 과정을 대신 진행합니다.

(3) 재판의 모든 절차를 맡아 처리하며 양측 의견을 듣고 최종적으로 판결을 내리는 사람입니다.

(4) 재판에서 자기가 알고 있거나 경험한 사실을 사실대로 진술합니다.

(5) 일반 국민 가운데서 뽑혀서 재판 과정에 참여하고 그와 관련된 판단을 내립니다.

2 다음 설명을 읽고 내용에 맞게 □에 알맞은 말을 쓰세요.

재판은 다툼의 성격에 따라 여러 종류가 있습니다. 개인과 개인의 다툼을 해결하기 위한 민사 재판에는 검사가 참석하지 않습니다. 형사 재판은 범죄자를 처벌하기 위한 것으로 검사와 변호사의 의견을 듣고 판사가 판결합니다. 이 그림의 법정에는 검사가 있기 때문에 　　　　재판을 하는 모습입니다.

법원이 하는 일을 알 수 있어요

❖ 법원이 하는 일에 대한 글을 읽고 물음에 답하세요. 문제·1~3 정답과 도움글·124쪽

　법원은 법에 따라 재판을 하는 곳입니다. 사람들은 다툼이 생기거나 억울한 일을 당했을 때 재판으로 문제를 해결합니다. 법원에서는 개인과 개인 사이에 일어난 법적 다툼을 해결해 주기도 하고, 범죄를 저지른 것으로 의심받는 사람에게 죄가 있는지, 죄가 있다면 어떤 처벌을 받아야 하는지 판단하기도 합니다. 또한 국가나 지방 자치 단체가 국민의 권리를 침해하였는지도 판단합니다.

　법은 모든 사람에게 공정하게 적용되어야 합니다. 공정한 재판으로 국민의 자유와 권리를 보장하고자 법원은 외부 영향이나 간섭을 받지 않아야 하며 법관은 개인적인 의견이 아니라 헌법과 법률에 따라 공정하게 판결을 내려야 합니다. 우리나라는 특정한 경우를 제외하고 대부분의 재판 과정과 결과를 공개해 억울한 사람이 생기지 않도록 하고 있습니다. 이를 위해 국민이 공정한 재판을 받을 수 있도록 한 사건에 원칙적으로 세 번까지 재판을 받을 수 있는 3심 제도를 두고 있습니다. 또한 일부 형사 재판에 국민이 배심원 또는 예비 배심원으로 참여하는 국민 참여 재판을 시행하고 있습니다.

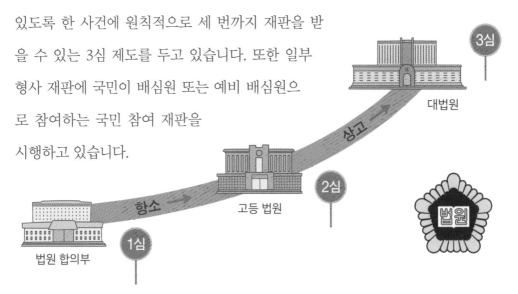

1 앞글에서 다음 설명에 맞는 말을 찾아 □에 쓰세요.

(1) ⬚⬚⬚⬚⬚ 은 법에 따라 (2) ⬚⬚⬚⬚⬚ 을 하는 곳이다. 사람들은 다툼이 생기거나 억울한 일을 당했을 때 (3) ⬚⬚⬚⬚⬚ 으로 문제를 해결한다.

2 앞글에서 법원의 하는 일을 읽고 재판의 종류에 맞게 줄로 이으세요.

(1) 사람들 사이의 다툼을 해결합니다. •   • ㉠ 형사 재판

(2) 국가나 지방 자치 단체로부터 피해를 입은 사람의 억울함을 풀어 줍니다. •   • ㉡ 민사 재판

(3) 사기, 강도, 살인 등과 같이 법을 어긴 사람에게 벌을 줍니다. •   • ㉢ 행정 재판

3 앞글의 내용과 맞지 <u>않은</u> 것을 고르세요. (   )

① 법은 모든 사람에게 공정하게 적용되어야 한다.
② 판사는 헌법과 법률에 따라 판결을 내려야 한다.
③ 한 사건에 원칙적으로 세 번까지 재판을 받을 수 있다.
④ 특정한 경우를 제외한 대부분의 재판 과정과 결과를 공개한다.
⑤ 국민이 민사 재판에 배심원으로 참여하는 국민 참여 재판을 시행하고 있다.

국민 참여 재판을 이해해요

❖ **다음 글을 잘 읽고 물음에 답하세요.** 〔문제 · 어휘/이해/응용〕 〔정답과 도움글 • 124~125쪽〕

가

1 법정 공방 소송에서 이기기 위해 법정에서 법으로 서로 공격하고 방어함.

국민 참여 재판이란, 일반 국민이 형사 재판에 배심원으로 참여하여 법정 공방[1]을 지켜본 후 피고인의 유·무죄에 대한 판단을 ㉠내리고 적정한 형을 제시하면 재판부가 이를 참고하여 판결을 선고하는 제도이다. '국민의 형사 재판 참여에 관한 법률'에 규정된 범죄 중 피고인이 신청하는 경우에 한해 진행되며, 피고인이 원한다고 하더라도 적절하지 않다고 판단되는 경우 법원은 국민 참여 재판으로 진행하지 않을 수 있다.

나

2 평의 피고인의 유·무죄를 판단하기 위한 배심원의 논의 절차.

3 평결 유·무죄에 대한 배심원의 최종적인 판단.

국민 참여 재판에서 배심원 선정은 매우 중요하다. 배심원을 선정하기 전 법원은 먼저 필요한 배심원 수와 예비 배심원 수를 결정한다. 법정형이 사형, 무기 징역 등에 해당하는 사건의 경우 9인의 배심원이, 그 외의 경우에는 7인의 배심원이 재판에 참여하게 된다. 또한 법원은 배심원의 결원 등에 대비하여 5인 이내의 예비 배심원을 둘 수 있는데, 이들은 평의[2]와 평결[3]만 참여할 수 없을 뿐 배심원과 동일한 역할을 수행한다. 배심원과 예비 배심원을 합한 수만큼 인원을 선정한 후, 추첨을 통해 예비 배심원을 선정한다. 누가 예비 배심원인지는 평의에 들어가기 직전에 공개한다.

다 배심원 선정을 위해 해당 지방 법원은 사전에 작성한 배심원 후보 예정자 명부 중에서 필요한 수의 '배심원 후보자'를 무작위로 뽑아서 그들에게 참석해야 할 날짜를 통지한다. 통지를 받은 배심원 후보자는 법률에 규정되어 있는, 배심원이 될 수 없는 사유에 해당하지 않는 한 정해진 날짜에 출석해야 한다. 출석한 배심원 후보자들 중에서 필요한 배심원과 예비 배심원을 합한 수만큼을 추첨한다. 이렇게 선정된 '추첨된 배심원 후보자'를 대상으로 검사와 변호인은 배심원 선정을 위해 여러 가지 질문을 거친 후 필요한 수만큼 배심원과 예비 배심원을 확정한다.

라 배심원 및 예비 배심원 선정이 끝나면, 이들은 재판부와 함께 증거 조사를 지켜본다. 증거 조사가 끝나면 재판장이 사건 쟁점과 적용할 법률, 판단 원칙 등을 설명하고, 배심원 중 누가 예비 배심원인지 알려 주면 배심원들은 평의실로 이동해 평의를 시작한다. 평의가 시작되면 배심원은 법정에서 보고 들은 증거와 진술을 바탕으로 피고인의 유·무죄를 의논하게 된다. 배심원 사이에 유·무죄에 관한 의견이 만장일치로 정해지면 그에 따라 평결서를 작성하여 재판부에 제출한다. 만약 의견이 일치되지 않으면 반드시 재판부 의견을 듣고 다시 평의를 진행한 후 다수결로 평결서를 작성하게 된다. 그리고 평결이 유죄인 경우에는 재판부와 함께 피고인에게 부과할 적정한 형에 대해 토의한 후 양형[4]에 대한 최종 의견을 재판부에 알려 준다.

4 양형 형벌의 정도를 정하는 일.

마 이후 재판장은 피고인에게 유·무죄 여부와, 유죄인 경우 그 형에 대한 판결을 선고하게 된다. 배심원의 평결과 양형 의견은 재판장이 판결을 할 때 권고적 효력만을 가진다. 하지만 재판장은 판결 선고 시 피고인에게 배심원의 평결 결과를 알려 주어야 하며, 만약 배심원의 평결 결과와 다른 판결을 선고할 때에는 피고인에게 반드시 그 이유를 설명하고 판결서에도 그 이유를 기재해야 한다. 재판장이 판결 종결을 알리면 배심원의 임무역시 모두 끝나게 된다.

1 다음 문장의 □에 공통으로 들어갈 말을 앞글에서 찾아 쓰세요.

- 　　　　　　　로 다섯 명을 선정하다.
- 　　　　　　　로 표본을 추출하다
- 보건소는 지난 10월 시내 김밥 가게 300여 군데 가운데 30곳에 대한 위생 단속에 나섰다.

2 (가) 문단의 밑줄 친 ㉠의 문맥적 의미와 가장 가까운 것을 고르세요. (　　　)

① 그는 그 문제에 대해 결론을 내렸다.

② 어제부터 밤새도록 함박눈이 내렸다.

③ 포장을 줄여서 물건 가격을 내렸다.

④ 차 안의 공기가 탁해서 유리문을 내렸다.

⑤ 기상청은 전국에 폭풍 주의보를 내렸다.

1 앞글을 읽고 내용에 맞게 □에 알맞은 말을 쓰세요.

(1) 배심원과 예비 배심원 수 선정 (법정형이 사형, 무기 징역 등에 해당하는 사건의 경우에는 　　　인, 그 외의 경우에는 　　　인, 예비 배심원은 5인 이내)

(2) 사전에 작성한 배심원 후보 예정자 명부 중에서 　　　　　　로 선정. 선정된 날짜에 출석한 후보자들 대상으로 면담 후 최종 배심원과 예비 배심원 확정

(3) 배심원과 예비 배심원 재판 과정 살핀 후 평의실로 이동해 평의를 시작함. 　　　　　　인 경우 평결서 작성 후 재판부 제출

(4) 의견 일치가 안 될 경우 　　　　　　의견을 들은 뒤 다시 평의 진행 후 다수결로 평의서 작성

(5) 평결이 　　　　　인 경우에는 재판부와 토의 후 최종 의견 전달

2 앞글에 대해 바르게 이해한 것을 고르세요. (　　)

① 예비 배심원은 재판이 끝날 때까지 모든 과정을 배심원과 함께 수행한다.

② 피고인이 원하지 않아도 법원의 결정에 따라 국민 참여 재판이 열릴 수 있다.

③ 배심원 후보자가 배심원 선정 기일에 출석하지 않으면 배심원으로 선정될 수 없다.

④ 국민 참여 재판은 일반 국민이 배심원으로 참여하여 직접 판결까지 선고하는 제도이다.

⑤ 재판장은 배심원의 평결과 다르게 판결하더라도 판결서에 관련된 내용을 기재하지 않아도 된다.

1 앞글을 읽고 다음 사례를 잘못 이해한 것을 고르세요. (　　　)

6월의 어느 날 김한국 씨는 국민 참여 재판의 배심원으로 참석해 달라는 등기 우편을 받았다. 배심원 선정 기일 아침 △△ 지방 법원을 찾아간 김한국 씨는 검사·변호인과의 질의응답 후 배심원으로 선정되었다. 늦은 밤까지 증거 조사가 진행되었고, 배심원 교체 없이 진행된 평의에서는 유·무죄에 대한 의견이 만장일치가 되지 않았다. 치열한 재논의 끝에 유죄와 무죄에 대해 각 2:5의 의견으로 평결서를 작성하였고, 재판장은 최종적으로 피고인에게 무죄를 선고하였다.

① 등기 우편을 받은 것으로 보아 김한국 씨는 △△지방 법원에서 사전에 작성한 배심원 후보 예정자 명부에 포함되어 있었군.

② 평의와 평결에 참여한 것으로 보아 김한국 씨는 예비 배심원이 아닌 배심원으로 선정되었군.

③ 배심원 수를 감안하면 해당 사건은 법정형으로 사형이나 무기 징역을 선고할 수 있는 사건은 아니었겠군.

④ 작성된 평결서를 감안하면 평의 도중 재판부의 의견을 들어 보는 과정 없이 배심원 간에만 논의가 진행되었겠군.

⑤ 평결서와 판결을 감안하면 재판부와 배심원 간에 피고인의 양형에 대한 논의는 이루어지지 않았겠군.

1단계

그림과 함께 읽기

가게에서 음식을 구매해요

읽고 공부한 날

/

❖ 그림을 잘 보고 물음에 답하세요. 문제·1~3 정답과 도움글·125~126쪽

1 사람들은 기업에서 일정 기간 동안 일한 후 그 대가로 급여를 받아요. 받는 기간
에 따른 단어를 □에 쓰세요.

(1) 일한 대가를 한 달을 단위로 하여 받는 것. ⬚⬚

(2) 일한 대가를 일주일 단위로 하여 받는 것. ⬚⬚

2 다음 문장의 □에 '시키다', '식히다'를 알맞은 형태로 쓰세요.

(1) 중국집에서 짜장면과 탕수육을 [   ].

(2) 차가 너무 뜨거우니까 조금 [   ] 드세요.

(3) 끓인 물을 차갑게 [   ].

(4) 엄마가 아들에게 방 청소를 [   ] 출근하셨다.

3 앞의 그림을 보고 나라면 어느 가게에서 피자를 시키고 싶은지 쓰고 그 이유도
쓰세요.

경제 활동에 대해 알 수 있어요

❖ **경제 활동에 대한 글을 읽고 물음에 답하세요.** 문제·1~2 정답과 도움글·126쪽

　사람들이 생활하려면 다양한 물건과 서비스가 필요합니다. 물건과 서비스를 만들고 이것들을 사고파는 것과 관련된 모든 활동을 경제 활동이라고 합니다. 경제 활동에 참여하는 주체에는 가계와 기업 등이 있습니다. 가계는 가정 살림을 함께 하는 생활 공동체이며, 기업은 이윤 추구를 목적으로 하는 조직입니다.

　가계는 기업의 생산 활동에 참여하고 그 대가로 소득을 얻어 물건이나 서비스를 사는 등의 소비 활동을 합니다. 기업은 사람들에게 일자리를 제공하고 사람들의 생활에 필요한 물건이나 서비스를 만들어 판매해 이윤을 얻습니다.

가정 살림을 함께하는 생활 공동체예요.

구성원은 생산 활동에 참여해요.

소득으로 물건이나 서비스를 구입해요.

물건과 서비스를 생산해요.

사람들에게 일자리를 제공해요.

시장에 물건과 서비스를 공급해요.

1 앞글을 바탕으로 다음 글에 나타난 예와 같이 □에 알맞은 형태로 단어를 만들어 쓰세요.

> '사고파는'은 서로 반대의 뜻을 지닌 '사다'와 '팔다'가 한 단어로 합쳐진 것입니다. "시장은 물건을 사고파는 사람들로 북적이고 있었다."와 같이 쓰입니다. 이렇게 동사와 동사를 합치거나 명사와 명사를 합쳐 새로운 말을 만들 수 있습니다. '-고'를 사용해 합치기도 하고, 다른 연결어를 사용해 합치기도 합니다.

(1) 지하철역과 건물들 사이를 바쁘게 ＿＿＿＿＿＿ 사람들을 보고 있었다.

(2) 짐을 나르느라 계단을 여러 번 ＿＿＿＿＿＿＿＿ .

(3) 두 사람은 평소에 알던 사이인지 다정하게 이야기를 ＿＿＿＿＿＿ 시작했다.

(4) 영철이는 ＿＿＿＿＿＿ 도 모르는 버릇없는 아이다.

2 앞글을 바탕으로 다음 내용에서 가계에 대한 설명에는 '가', 기업에 대한 설명에는 '기'라고 쓰세요.

(1) 생산 활동에 참여해서 급여를 받습니다. ☐

(2) 미용실에 가서 머리를 잘랐습니다. ☐

(3) 회사 직원들에게 월급을 지급했습니다. ☐

(4) 신제품을 개발하고 광고했습니다. ☐

(5) 주문한 피자를 받고 돈을 지불했습니다. ☐

협동조합에 대해 알 수 있어요

❖ 다음 글을 잘 읽고 물음에 답하세요. 문제•어휘/이해/응용 정답과 도움글•126~127쪽

가

1 출자금 조합, 생협 등 주식회사 이외의 기업에 자본 출자를 한 것을 말한다.

안전한 농산물을 농민들로부터 직접 공급받고 싶었던 K씨는 자신과 뜻이 같은 사람들과 함께 일정 금액의 출자금[1]을 내어 단체를 만들었다. K씨는 이 단체를 통해 안전한 농산물을 농민들로부터 직접 구매할 수 있었고, 농민들은 중간 유통 비용 없이 적절한 대가를 받고 농산물을 공급할 수 있었다. 이 단체에서는 출자금 일부를 미리 농민에게 지불하여 농민들이 더욱 안정적으로 농산물을 생산할 수 있도록 도왔다. 이 사례와 같이 뜻을 같이하는 사람들이 일정 금액을 모아 공동의 경제, 사회, 문화적 수요와 요구를 충족시키기 위해 자발적으로 결성한 조직을 '협동조합'이라고 한다.

나

협동조합은 5인 이상의 사람들이 모여 출자금을 내면 누구나 만들 수 있으며, 가입과 탈퇴도 자유롭다. 협동조합은 평등한 협력체이기 때문에 사업의 목적이 이윤 추구가 아니라 조합원 간의 상호 부조에 있다. 그래서 모든 조합원이 협동조합을 공동으로 소유하고, 출자금을 통해 협동조합에 필요한 자본을 조성하는 데 공정하게 참여한다. 그리고 조합 내에서 발생한 수익은 협동조합의 발전과 조합원의 권익 증진을 위해 사용한다.

다

이윤 추구를 목적으로 하는 주식회사와 달리 협동조합은 조합원을 중심으로 운영된다. 주식회사는 주식을 가진 비율에 따라 의사 결정권이 부여되므로 주식을 많이 가진 대주주가 의사를 결정하는 경우가 많다. 반면 협동조합에서는 대체로 조합원 한 사람에게 한 표의 의사 결정권이 **부여**되므로, 조합원의 의사가 존중된다. 따라서 이런 구조로 인해 조합원이 추구하는 공동의 가치인 일자리 창출[2]이나 사회적 약자 보호, 그리고 지역 사회 발전과 같은 사회적 가치를 실현하는 데 유리하다.

2 창출 전에 없던 것을 처음으로 생각하여 지어내거나 만들어 냄.

라

그러나 협동조합은 구조적 특성상 신속한 자본 조달이 어렵다. 의사 결정 기간도 상대적으로 길어 급변하는 상황에 신속하게 대처하기가 어렵다. 또 이윤 추구에 몰두하여 협동조합의 기본 정신을 잃어버리면 지속되기 힘들다. 이를 극복하기 위해 조합원들은 분명한 목표와 가치를 공유하고, 협동조합 간 긴밀한 협력을 통해 지속적인 발전 방안을 모색해야 한다.

1 앞글을 바탕으로 다음 글의 □에 알맞은 말을 쓰세요.

뜻을 같이하는 사람들이 일정 금액을 모아 공동의 경제, 사회, 문화적 수요와 요구를 충족시키기 위해 자발적으로 결성한 조직을   이라고 한다.

2 다음 낱말 풀이를 보고 빈 곳에 알맞은 말을 쓰세요.

(1) 어떤 일을 서로 양보하여 협의함.
　예 남북 간의 문제는 대화와 　협으로 풀어야 한다.

(2) 뜻이 같은 말.
　예 '책방'과 '서점'은 동　　　다.

(3) 행동을 같이하기 위하여 세 사람으로 구성된 무리.
　예 　　　조 그룹.

(4) 서로 의견이 일치함. 또는 그 의견.
　예 합　　를 이끌어 내다.

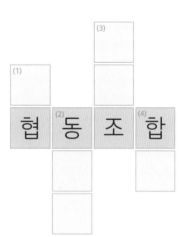

3 다음 단어들을 맞는 뜻끼리 줄로 이으세요.

(1) **충족** •   • ㉠ 자금이나 물자 따위를 대어 줌

(2) **결성** •   • ㉡ 조직이나 단체 따위를 짜서 만듦

(3) **조달** •   • ㉢ 일정한 분량을 채워 모자람이 없게 함

(4) **모색** •   • ㉣ 일이나 사건 따위를 해결할 수 있는
                                       방법이나 실마리를 더듬어 찾음

4 (다) 문단에 나오는 낱말인 부여가 바르게 쓰이지 <u>않은</u> 문장을 고르세요. (   )

① 우리 팀에 중요한 업무가 **부여**되었다.

② 그녀는 오늘 그와의 만남에 특별한 의미를 **부여**했다.

③ 그들 형제는 유산의 **부여** 문제로 사이가 좋지 못했다.

④ 그는 예술을 신이 인간에게 **부여**한 재능의 소산으로 생각했다.

⑤ 아이가 스스로 공부하게 하려면 특별한 동기 **부여**가 필요합니다.

1 앞글의 내용과 일치하지 <u>않은</u> 것을 고르세요. (　　)

① 주식회사의 사업 목적은 이윤을 추구하는 것이다.

② 협동조합은 자본 조달을 빠르게 할 수 있다는 장점이 있다.

③ 협동조합은 조합원의 출자금을 기초로 하여 자본을 조성한다.

④ 주식회사에서는 주식을 가진 비율에 따라 의사 결정권이 부여된다.

⑤ 협동조합은 일자리 창출이나 사회적 약자 보호를 실현하는 데 유리하다.

2 앞글을 바탕으로 다음 내용 중 주식회사에 대한 설명에는 '주', 협동조합에 대한 설명에는 '협'이라고 쓰세요.

(1) 경제 활동을 통해 이윤을 추구하는 것이 목적이다. ☐

(2) 주식을 가진 비율에 따라 의사 결정권이 다르다. ☐

(3) 조합원 한 사람의 의사 결정권이 모두 동일하다. ☐

(4) 지역 사회 발전과 같은 사회적 가치를 실현하는 데 유리하다. ☐

(5) 5인 이상의 사람들이 모여 출자금을 내면 누구나 만들 수 있다. ☐

(6) 의사 결정 기간도 비교적 짧아 상황에 신속히 대처할 수 있다. ☐

1 앞글을 바탕으로 다음 글을 <u>잘못</u> 이해한 것을 고르세요. (   )

> '바르사'라는 약칭으로도 불리는 에스파냐의 명문 축구 구단 'FC 바르셀로
> 나'는 협동조합이다. 이 협동조합은 20만 명 가까운 조합원이 주인이다. 출
> 자금 150유로를 내면 누구나 바르사의 조합원이 될 수 있는데, 바르사의 조
> 합원은 축구 경기 입장료 할인 혜택을 받을 수 있다. 18세 이상이면서 1년
> 넘게 조합원으로 활동하면 누구나 이사회에 참석할 수 있고, 6년마다 열리
> 는 클럽 회장 선거에 참여해 한 표를 행사할 수 있다. 바르사에서 발생한 수
> 익금은 유소년 축구 클럽 육성과 시설 개선에 쓰인다. 구단이 안정적으로 운
> 영되던 시절에는 유니폼에 공익성 광고를 대가 없이 새기기도 하였다.

① 6년마다 클럽 회장 선거가 있다는 것을 통해 바르사는 조합원에 의해 소유주
   가 선정된다는 것을 알 수 있군.

② 출자금 150유로를 내면 누구나 조합원이 될 수 있다는 것을 통해 바르사는
   가입이 자유롭다는 것을 알 수 있군.

③ 광고료를 받지 않고 유니폼에 공익성 광고를 새겼다는 것을 통해 바르사의
   목적이 이윤 추구에 있지 않다는 것을 알 수 있군.

④ 수익금이 유소년 클럽 육성과 시설 개선에 쓰인다는 것을 통해 바르사에서는
   수익금을 조합의 발전에 활용한다는 것을 알 수 있군.

⑤ 일정한 자격을 갖춘 조합원이라면 클럽 회장 선거에서 한 표를 행사할 수 있
   다는 것을 통해 바르사에서는 조합원의 의사가 존중된다는 것을 알 수 있군.

1단계

그림과
함께
읽기

'국경없는의사회'의 활동을 알 수 있어요

❖ 다음 공익 광고 포스터를 잘 보고 물음에 답하세요. 문제·1~3 정답과 도움글·127쪽

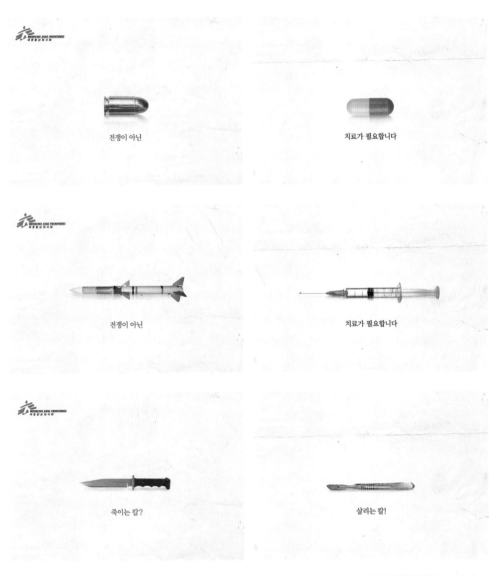

출처 : 이제석 광고연구소 www.jeski.org

1 앞의 그림과 같은 공익 광고 포스터의 특징에 대한 설명으로 옳지 <u>않은</u> 것을 고르세요. (　　)

① 전하고자 하는 내용이 잘 드러나야 한다.

② 상징적인 그림과 간단한 문구로 표현한다.

③ 가능한 사실적이고 자세하게 표현해야 한다.

④ 많은 사람에게 보이기 위해 눈에 잘 띄어야 한다.

⑤ 정보를 전달하기도 하고, 행동의 변화를 촉구하기도 한다.

2 다음은 앞의 공익 광고 포스터에 대한 설명이에요. 내용에 맞게 □에 알맞은 말을 쓰세요.

이 포스터는 분쟁 지역 의료 지원의 중요성을 알리기 위한 것이다. 캠페인 포스터는 "전쟁이 아닌 치료가 필요하다."는 의미를 나타내기 위해 비슷한 모양의 사물을 이용해서 메시지를 전한다. 총알 대신 (1)　　　　　, 미사일 대신 (2)　　　　　, 죽이는 칼 대신 수술용 칼을 나란히 배치해 사람을 죽이는 살상 무기 대신 사람을 살리는 의료 지원이 더 필요하다는 메시지를 담았다.

3 이 포스터를 보고 '국경없는의사회'가 어떤 일을 하는지 추측해서 적어 보세요.

국제 연합의 활동에 대해 알 수 있어요

❖ **국제 연합에 대한 글을 읽고 물음에 답하세요.** 문제·1~3 정답과 도움글·127~128쪽

　지구촌 갈등은 전 세계에 영향을 미치는데 한 나라나 개인의 힘만으로는 문제를 해결하기 어렵습니다. 1945년 설립된 국제 연합(UN)은 지구촌의 평화 유지, 전쟁 방지, 국제 협력 활동을 하는 단체입니다. 제1, 2차 세계 대전으로 많은 사람이 다치거나 죽고 전쟁에 참여한 나라들이 큰 피해를 입었습니다. 이를 계기로 세계는 평화로운 방법으로 갈등을 해결하는 것이 중요하다는 점을 깨닫고 국제 연합을 만들었습니다. 국제 연합에는 다양한 전문 기구들이 설립되어 있으며 세계 여러 나라가 협력해 지구촌 갈등을 해결하기 위해 노력하고 있습니다.

1 앞글을 읽고 지구촌이란 무슨 뜻일지 다음 문장의 □에 알맞은 말을 쓰세요.

> 지구촌에서 '촌'은 한자 마을 촌(村)으로, 지구는 하나의 　　　　　　　이라는
> 뜻입니다.

2 앞글을 읽고 국제 연합의 역할을 찾아 쓰세요.

3 앞글을 바탕으로 다음 글의 □에 공통으로 들어갈 말을 쓰세요.

> 　　　　은 '칡'을 뜻하는 말과 '등나무'를 뜻하는 말이 합쳐서 된 말로, 칡과
> 등나무 덩굴처럼 서로 뒤엉켜서 풀기 어려운 상태를 비유하는 말입니다.
> '　　　　을 일으키다', '　　　　을 해소하다'와 같이 쓰입니다.

냉전에 대해 이해할 수 있어요

❖ 다음 글을 잘 읽고 물음에 답하세요. 문제·어휘/이해/응용   정답과 도움글 •128~129쪽

가

1 냉전 무기를 사용하지 않는 전쟁이란 뜻이다. 제2차 세계 대전 이후 공산주의 진영과 자본주의 진영 간의 정치·외교·이념상의 갈등이나 대립을 말한다.

제2차 세계 대전이 끝나고 나서 미국과 소련 및 그 동맹국들 사이에서 공공연하게 전개된 제한적 대결 상태를 냉전[1]이라고 한다. 냉전의 기원에 관한 논의는 냉전이 시작된 직후부터 최근까지 계속 진행되었다. 이는 단순히 냉전이 시작된 시기와 이유에 대한 논의만이 아니라, 그 책임 소재를 묻는 것이기도 하다. 그 연구 결과를 편의상 세 가지로 나누어 볼 수 있다.

나

2 팽창 정책 국가의 영토 확장을 지향하는 이념이나 정책을 말한다.

가장 먼저 나타난 ㉠전통주의는 냉전이 일어나게 한 근본적 책임이 소련의 팽창 정책[2]에 있다고 보았다. 소련은 세계를 공산화하기 위한 계획을 수립했고, 이 계획을 실행하기 위해 특히 동유럽 지역을 시작으로 적극적인 팽창 정책을 수행하였다. 그리고 미국이 자유 민주주의 세계를 지켜야 한다는 도덕적 책임감에 기초하여 그에 대한 봉쇄 정책을 추구하는 가운데 냉전이 발생했다고 본다. 그리고 미국의 봉쇄 정책이 성공적으로 수행된 결과 냉전이 종식되었다는 것이 전통주의의 입장이다.

다

여기에 비판을 가한 ㉡수정주의는 기본적으로 냉전의 책임이 미국 쪽에 있고, 미국의 정책은 경제적 동기에서 비롯했다고 주

장했다. 즉, 미국은 전후 세계를 자신들이 주도해 나가야 한다고 생각했고, 전쟁 중에 급증한 생산력을 유지할 수 있는 시장을 얻기 위해 세계를 개방 경제 체제로 만들고자 했다. 그러므로 미국 정책 수립의 기저에 깔린 것은 이념이 아니라는 것이다. 무엇보다 소련은 미국에 비해 국력이 미약했으므로 적극적 팽창 정책을 수행할 능력이 없었다는 것이 수정주의의 기본적 입장이었다. 오히려 미국이 유럽에서 공격적인 정책을 수행했고, 소련은 이에 대응했다는 것이다.

라

냉전의 기원에 관한 또 다른 주장인 ⓒ탈수정주의는 위의 두 가지 주장에 대한 절충적 시도로서 냉전의 책임을 일방적으로 어느 한쪽에 부과해서는 안 된다고 보았다. 즉, 냉전은 양국이 추진한 정책의 '상호 작용'에 의해 발생했다는 것이다. 또 경제를 중심으로만 냉전을 보아서는 안 되며 안보 문제 등도 같이 고려하여 파악해야 한다고 보았다. 소련의 목적은 주로 안보 면에서 제한적으로 추구되었는데, 미국은 소련의 행동에 과잉 반응했고, 이것이 상황을 악화시켰다는 것이다. 이로 인해 냉전 책임론은 크게 후퇴하고 구체적인 정책 형성에 대한 연구가 부각되었다. 그러나 이와 같은 절충적 시각의 연구 성과는 얼핏 보면 무난해 보이지만, 핵심을 설명하는 데에는 한계가 있다.

1 (다) 문단의 **동기**와 같은 뜻으로 쓰인 문장에 모두 ○ 표 하세요.

(1) 이 작품을 쓰게 된 **동기**는 무엇입니까? ☐

(2) 이 친구하고 저하고는 대학교 **동기**입니다. ☐

(3) 그 사건은 아주 단순한 **동기**에서 시작되었다. ☐

(4) 그는 마지못해 진술서에 범행 **동기**를 적었다. ☐

(5) 수입액이 작년 **동기** 대비 10퍼센트 늘었다. ☐

(6) **동기**는 좋았지만 방법이 옳지 못했다. ☐

2 어휘에 맞는 뜻을 찾아 줄로 이으세요.

(1) **봉쇄** •

(2) **기저** •

(3) **종식** •

(4) **과잉** •

(5) **절충** •

• ㉠ 한때 매우 성하던 현상이나 일이 끝나거나 없어짐
  예 냉전의 ○○

• ㉡ 굳게 막아 버리거나 잠금
  예 미국은 소련 정책에 대해 ○○ 정책을 썼다.

• ㉢ 서로 다른 의견, 관점 따위를 조절하여 잘 어울리게 함
  예 두 의견을 ○○하다.

• ㉣ 어떤 것의 바닥이 되는 부분
  예 양국 정책의 ○○에 깔린 것이 무엇인지 이해해야 한다.

• ㉤ 예정하거나 필요한 수량보다 많아 남음
  예 필요 이상의 ○○ 반응을 보이다.

1 앞글에서 냉전의 기원에 대해 설명하는 연구 결과 세 가지가 무엇인지 쓰세요.

2 앞글을 다음과 같이 정리했을 때 빈 곳에 알맞은 말을 쓰세요.

연구 결과	냉전 발생의 책임	상대국의 대응
전통주의	(1) ☐☐ 의 팽창 정책 수행	미국이 도덕책 책임감으로 (4) ☐☐ 정책 추구
수정주의	(2) ☐☐ 의 경제적 동기에서 시작	미국의 공격적 정책에 소련이 대응
탈수정주의	양국의 (3) ☐☐☐☐ 에서 발생	소련의 안보 목적에 미국이 과잉 대응

1 다음 글의 (가)~(다)는 앞글의 ㉠~㉢ 중 무엇과 관련이 있는지 줄로 이으세요.

(가) 이 시기 미국과 소련은 각기 자국의 방어를 위한 조치를 취했다. 그러자 양국은 상대방의 조치를 위협적인 행동으로 받아들여 대응 조치를 더욱 강화함으로써 자국 안보가 더 위태롭게 되어 양국이 모두 문제가 되는 행동을 했다.

(나) 미국의 대응이 미약하거나 부재한 곳에서는 소련이 분쟁을 일으켰다. 따라서 미국이 좀 더 일찍 그리고 적극적으로 봉쇄 정책을 추구했다면 동유럽이 소련의 영향 아래 들어가는 것을 막을 수 있었을 것이다.

(다) 제2차 세계 대전 직후인 1947년 미국은 세계 철강 총생산량의 54%, 소련은 12%를 차지했으며, 에너지 소비량의 경우는 미국이 49%, 소련이 12%였다. 이런 예들은 국력 면에서 미국이 소련보다 압도적 힘의 우위를 지녔다는 것을 알려 준다.

(가) •	• ㉠ 전통주의
(나) •	• ㉡ 수정주의
(다) •	• ㉢ 탈수정주의

2 앞글을 읽고 알 수 있는 내용으로 적절하지 <u>않은</u> 것을 고르세요. (　　)

① 전통주의에 따르면 소련의 팽창 정책은 공산주의 이념에 바탕을 두고 수행된 것이다.

② 수정주의에 따르면 미국의 경제적 동기가 냉전을 만들어 낸 가장 중요한 요인이었다.

③ 수정주의에 따르면 미국의 봉쇄 정책은 소련의 공격적 팽창 정책에 대한 대응이었다.

④ 탈수정주의 출현 이후 냉전의 책임 소재에 대한 연구보다 구체적 정책 연구가 강조되었다.

⑤ 탈수정주의는 절충적 성향을 가져 역사적 현상의 중심적 경향성을 포착하는 데 한계를 보였다.

과학

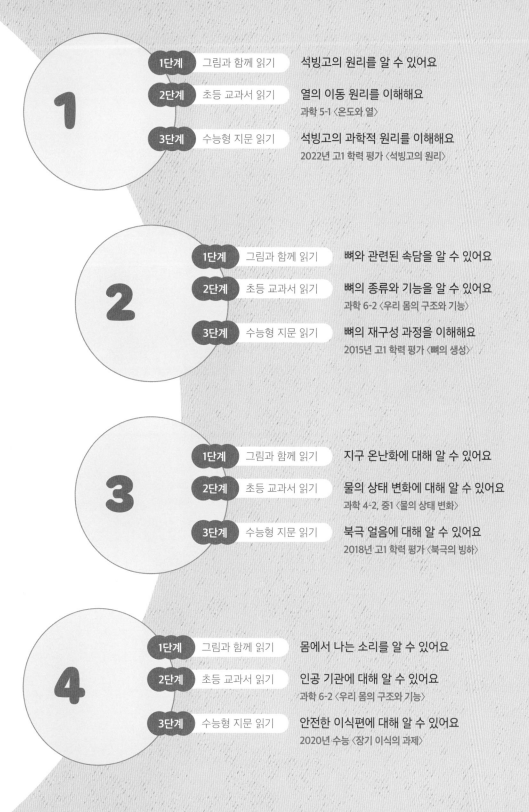

1

1단계	그림과 함께 읽기	석빙고의 원리를 알 수 있어요
2단계	초등 교과서 읽기	열의 이동 원리를 이해해요 과학 5-1 〈온도와 열〉
3단계	수능형 지문 읽기	석빙고의 과학적 원리를 이해해요 2022년 고1 학력 평가 〈석빙고의 원리〉

2

1단계	그림과 함께 읽기	뼈와 관련된 속담을 알 수 있어요
2단계	초등 교과서 읽기	뼈의 종류와 기능을 알 수 있어요 과학 6-2 〈우리 몸의 구조와 기능〉
3단계	수능형 지문 읽기	뼈의 재구성 과정을 이해해요 2015년 고1 학력 평가 〈뼈의 생성〉

3

1단계	그림과 함께 읽기	지구 온난화에 대해 알 수 있어요
2단계	초등 교과서 읽기	물의 상태 변화에 대해 알 수 있어요 과학 4-2, 중1 〈물의 상태 변화〉
3단계	수능형 지문 읽기	북극 얼음에 대해 알 수 있어요 2018년 고1 학력 평가 〈북극의 빙하〉

4

1단계	그림과 함께 읽기	몸에서 나는 소리를 알 수 있어요
2단계	초등 교과서 읽기	인공 기관에 대해 알 수 있어요 과학 6-2 〈우리 몸의 구조와 기능〉
3단계	수능형 지문 읽기	안전한 이식편에 대해 알 수 있어요 2020년 수능 〈장기 이식의 과제〉

석빙고의 원리를 알 수 있어요

❖ 석빙고의 구조를 잘 보고 물음에 답하세요. 문제·1~3 정답과 도움글·129쪽

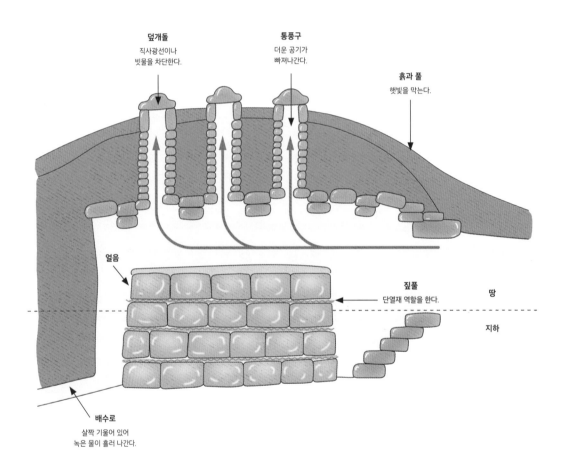

덮개돌
직사광선이나
빗물을 차단한다.

통풍구
더운 공기가
빠져나간다.

흙과 풀
햇빛을 막는다.

얼음

짚풀
단열재 역할을 한다.

땅

지하

배수로
살짝 기울어 있어
녹은 물이 흘러 나간다.

1 '석빙고'의 한자를 보고 □에 알맞은 말을 쓰세요.

石　　氷　　庫

돌 석　　　얼음 빙　　　창고 고

　　로 만들어진 석빙고는　　　　을 보관하는　　　　를 말합니다.

2 다음은 가로세로 낱말 퀴즈예요. 설명을 읽고 각 칸에 알맞은 단어를 쓰세요.

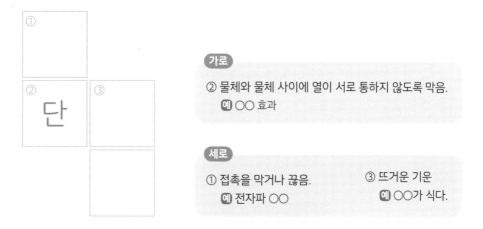

①

② 단　③

가로

② 물체와 물체 사이에 열이 서로 통하지 않도록 막음.
예 ○○ 효과

세로

① 접촉을 막거나 끊음.
예 전자파 ○○

③ 뜨거운 기운
예 ○○가 식다.

3 앞의 그림에 대한 설명으로 옳지 <u>않은</u> 것을 고르세요. (　　　)

① 짚은 얼음을 더 차갑게 만들어 준다.

② 배수로를 통해 녹은 물이 흘러 나간다.

③ 얼음의 냉기를 잘 보존할 수 있는 구조이다.

④ 통풍구를 통해 석빙고 안에 더워진 열이 빠져나간다.

⑤ 밖에서 들어오는 열은 막고 내부의 열은 밖으로 빠져나가게 한다.

열의 이동 원리를 이해해요

❖ **열의 이동에 대한 글을 읽고 물음에 답하세요.** 문제·1~3 정답과 도움글·129쪽

　고체에서 열은 온도가 높은 곳에서 온도가 낮은 곳으로 고체 물질을 따라 이동합니다. 이러한 고체에서의 열의 이동을 전도라고 합니다.

　액체에서는 온도가 높아진 물질이 위로 올라가고 위에 있던 물질이 아래로 밀려 내려오며 열이 이동합니다. 이런 과정을 대류라고 합니다. 온도가 높아진 공기는 위로 올라가고, 위에 있던 공기는 아래로 밀려 내려옵니다. 기체에서도 액체에서와 같이 대류를 통해 열이 이동합니다.

　두 물질 사이에서 열의 이동을 줄이는 것을 단열이라고 합니다. 집을 지을 때 집의 벽, 바닥, 지붕 등에 단열재를 사용하면 겨울이나 여름에 적절한 실내 온도를 오랫동안 유지할 수 있습니다.

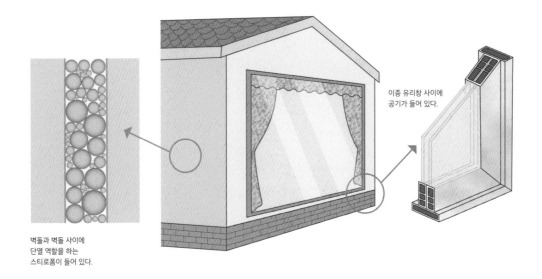

이중 유리창 사이에 공기가 들어 있다.

벽돌과 벽돌 사이에 단열 역할을 하는 스티로폼이 들어 있다.

1 앞글을 읽고 다음 □에 알맞은 말을 쓰세요.

고체에서 두 물질 사이의 열의 이동을 (1) [   ] 라 하고, 액체나 기체에서

의 열의 이동을 (2) [   ] 라고 합니다.

2 다음 그림을 보고 전도와 관련 있는 것은 '전', 대류와 관련 있는 것은 '대', 단열과
관련 있는 것은 '단'을 쓰세요.

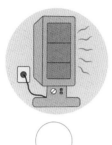 (1) 전기난로를 켜면 따뜻해진 주변 공기가 위로 올라간다. 찬 공기는 아래로 내려왔다가 다시 데워져 위로 올라가면서 방 전체가 따뜻해진다.

 (2) 차가운 컵에 종이나 헝겊으로 된 컵 싸개를 하면 손이 시리지 않고, 얼음이 금방 녹지 않는다.

 (3) 프라이팬에 달걀부침을 할 때 뜨거운 열이 달걀로 이동해 맛있게 익는다.

 (4) 헝겊으로 된 주방 장갑으로 뜨거운 냄비를 들면 냄비의 뜨거운 열이 손으로 직접 전달되지 않아서 안전하다.

3 집을 지을 때 벽, 바닥, 지붕 등에 단열재를 사용하는 이유가 무엇인지 앞글에서
찾아 쓰세요.

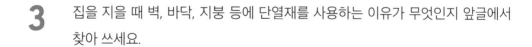

❖ 다음 글을 잘 읽고 물음에 답하세요. 문제·어휘/이해/응용   정답과 도움글·129~130쪽

가

조상들은 더운 여름에 얼음을 이용하기 위해 석빙고를 활용하였다. 석빙고는 겨울철에 입구를 개방하여 내부를 냉각시킨 후 얼음을 저장한 냉동 창고로, 내부의 낮아진 온도가 장기간 지속되는 구조를 통해 다음 해 가을까지 얼음을 보관하였다. 석빙고에서 얼음을 어떻게 보관할 수 있었는지 알아보자.

나

우선 석빙고를 낮은 온도로 유지하는 데에는 얼음이 중요한 역할을 한다. 에너지는 항상 높은 쪽에서 낮은 쪽으로 이동하여 평형을 이루려 하고 에너지의 이동은 물질의 온도를 변화시킨다. 석빙고 안에 있는 얼음은 주변 공기로부터 에너지를 흡수하여 일부 얼음이 녹아 물이 되면서 주변 공기가 차가워지고, 이는 다른 얼음이 녹지 않을 수 있게 한다. 이 과정에서 생긴 물은 빨리 제거되어야 하므로 조상들은 석빙고 바닥을 경사면으로 만들어 물이 원활하게 배수되도록 하였다.

다

내부를 차갑게 만들고 최대한 밀폐된 구조를 만들더라도 석빙고는 외부와 에너지 및 공기를 주고받아 내부의 온도는 올라갈 수밖에 없다. 이를 해결하기 위해 조상들은 석빙고 천장의 상단

에 통풍구를 설치하였다. 공기는 온도가 올라가면 위로 이동한다. 밀도가 낮은 공기가 상승하면 밀도가 높은 공기, 즉 온도가 낮은 공기가 아래로 이동하게 된다. 석빙고 내부에서는 이와 같은 공기의 흐름에 따라 에너지의 이동이 나타나며, 상승한 공기는 아치형 천장의 움푹 들어간 공간을 통해 그 위의 통풍구로 빠져나가 내부의 차가움을 유지하게 된다. 더불어 통풍구에는 얼음에 영향을 줄 수 있는 직사광선이나 빗물을 차단하기 위해 덮개돌을 설치하였다.

라 또한 얼음이 최대한 녹지 않을 수 있도록 얼음과 얼음 사이에 일종의 단열재 역할을 하는 짚을 채워 넣어 보관하였다. 짚은 얼음에 비해 에너지가 잘 전달되지 않는데, 이 때문에 얼음끼리 쌓아 놓는 것보다 짚을 활용하여 쌓는 것이 얼음 보관에 훨씬 효율적인 방법이라고 할 수 있다. 또 짚은 스티로폼처럼 미세한 공기구멍을 많이 포함하고 있어 단열 효과를 높일 수 있었다.

마 이 밖에도 석빙고 외부에 흙을 덮어 내부로 유입되는 에너지가 잘 차단되도록 하였고 풀을 심어 태양의 복사 에너지로 내부의 온도가 상승하는 것을 최대한 막고자 하였다. 또한 얼음을 저장하는 빙실은 온도 유지를 위해 주변 지반에 비해 낮게 만들었다. 석빙고는 조상들의 지혜가 집약된 천연 냉장고로, 당시 다른 나라 장치에 비해서도 기술이 떨어지지 않는 건축물이다.

1 (마) 문단의 떨어지다의 문맥상 의미와 가장 가까운 것을 고르세요. (   )

① 그의 실력은 평균보다 **떨어지는** 편이다.

② 곧 너에게 중요한 임무가 **떨어질** 것이다.

③ 이미 그 일에 정이 **떨어진** 지 꽤 되었다.

④ 아이는 잠시도 엄마에게서 **떨어지지** 않으려고 한다.

⑤ 배가 고프다는 말이 **떨어지기가** 무섭게 밥상이 나왔다.

2 앞글에 나온 낱말 중 다음과 반대의 뜻을 가진 말을 찾아 쓰세요.

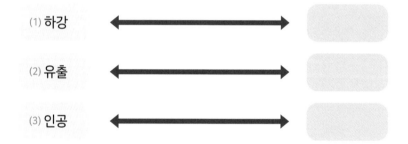

(1) **하강** ⟷

(2) **유출** ⟷

(3) **인공** ⟷

3 다음은 '밀어내다'는 의미의 '배'자로 끝나는 단어들이에요. 뜻과 쓰임을 보고 □에 알맞은 글자를 쓰세요.

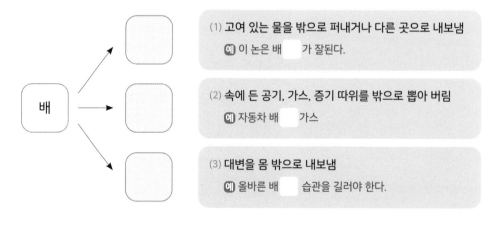

배

(1) 고여 있는 물을 밖으로 퍼내거나 다른 곳으로 내보냄
예 이 논은 배 □ 가 잘된다.

(2) 속에 든 공기, 가스, 증기 따위를 밖으로 뽑아 버림
예 자동차 배 □ 가스

(3) 대변을 몸 밖으로 내보냄
예 올바른 배 □ 습관을 길러야 한다.

1 앞글을 읽고 느낀 점을 쓴 글이에요. 내용에 맞게 □에 알맞은 말을 쓰세요.

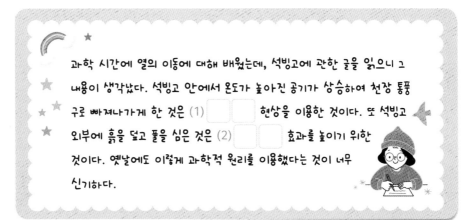

> 과학 시간에 열의 이동에 대해 배웠는데, 석빙고에 관한 글을 읽으니 그
> 내용이 생각났다. 석빙고 안에서 온도가 높아진 공기가 상승하여 천장 통풍
> 구로 빠져나가게 한 것은 (1) □□ 현상을 이용한 것이다. 또 석빙고
> 외부에 흙을 덮고 풀을 심은 것은 (2) □□ 효과를 높이기 위한
> 것이다. 옛날에도 이렇게 과학적 원리를 이용했다는 것이 너무
> 신기하다.

2 앞글의 내용과 일치하지 <u>않는</u> 것을 고르세요. (　　　)

① 석빙고 외부의 풀은 내부 온도 상승을 막는 데 도움을 준다.

② 얼음을 저장하기 전에 우선 석빙고 내부를 차갑게 하는 과정이 필요하다.

③ 아치형 천장은 외부 공기를 이용해 내부의 차가움을 유지하게 한다.

④ 빙실을 지반보다 낮게 만든 것은 석빙고 내부의 낮아진 온도를 지속하기 위해서이다.

⑤ 석빙고의 통풍구에 덮개돌이 없으면 햇빛이 석빙고 내부로 들어와 온도를 높일 수 있다.

1 앞글을 바탕으로 다음 글의 '이글루'를 이해한 내용으로 적절하지 <u>않은</u> 것을 고르세요. (   )

추운 지방에서 이누이트족이 전통적으로 살았던 얼음집인 이글루는 우선 눈 벽돌을 쌓아 올린 후에, 이글루 안에서 불을 피워 내부 공기의 온도를 높인다. 시간이 지나 공기가 순환하여 눈 벽돌이 녹으면서 물이 생기면 출입구를 열어 물이 얼도록 한다. 이 과정에서 눈 사이에 들어 있던 공기는 빠져나가지 못하고 얼음 속에 갇히게 된다. 이렇게 만들어진 얼음은 에너지의 전달을 방해한다. 또한 물이 눈 벽돌 사이를 메우면서 얼어 만들어진 얼음 벽은 내부의 에너지 유출을 막는다.

① 이글루의 얼음 벽은 석빙고의 외부 흙과 달리 외부로 에너지가 빠져나가는 것을 막기 위한 것이겠군.
② 석빙고의 짚에 포함된 공기구멍과 이글루의 얼음 속 공기층은 모두 단열 효과를 높일 수 있겠군.
③ 석빙고의 얼음 사이의 짚과 이글루의 눈 벽돌 사이를 메운 물은 모두 외부와의 공기 출입을 막는 역할을 하겠군.
④ 석빙고와 이글루는 모두 공기 밀도 변화에 따른 에너지의 이동이 나타나겠군.
⑤ 석빙고와 이글루는 모두 내부 온도를 낮추기 위한 방법으로 출입구를 활용했겠군.

2 다음은 앞글을 읽은 학생이 정리한 내용이에요. 이에 대한 설명으로 가장 적절한 것을 고르세요. (   )

냉장고도 없는 옛날에 얼음을 어떻게 보관했는지 궁금했는데, 이 글을 읽고 해답을 얻었다. 추운 겨울에 석빙고 입구를 열어 안을 냉각시킨 다음 얼음을 채워 넣는다. 석빙고 안에서 주변 공기로부터 에너지를 흡수한 얼음이 일부 녹으면 주변 공기가 차가워지고 그 물이 빨리 빠지도록 배수로를 만들었다. 그리고 온도가 낮은 공기는 아래로 내려가고 온도가 높은 공기는 위로 올라가는 원리를 이용해서 석빙고 천장에 통풍구를 설치해 온도가 높아진 공기가 빨리 밖으로 배출할 수 있게 했다. 조상님들이 이렇게 과학적인 설계로 석빙고를 만든 것이 정말 신기하다. 다른 나라에도 이런 시설이 있었는지 궁금하다. 다른 책을 더 찾아 읽어 보아야겠다.

① 독서에서 얻은 정보가 맞는지 비판적인 시각으로 바라보고 있다.
② 읽은 내용을 확인하기 위해 다양한 자료를 더 찾아서 비교해 보고 있다.
③ 자신의 독서 목적을 고려하여 글의 생략된 부분에 보충할 내용을 찾고 있다.
④ 독서 과정에서 생긴 의문을 해소하려고 독서 계획을 추가로 세우고 있다.
⑤ 내용을 이해하기 위해 자신의 과학 지식을 바탕으로 점검하고 있다.

1단계

그림과 함께 읽기

뼈와 관련된 속담을 알 수 있어요

읽고 공부한 날

/

❖ 다음 그림을 잘 보고 물음에 답하세요. 문제·1~2 정답과 도움글·131쪽

뼈도 못 추리다

뼈를 깎다.

뼈를 묻다.

뼈 빠지게

1 뼈는 사람의 몸에서 가장 단단하고 중요한 부분이라서 관련 속담이 많아요. 다음 문장에서 □에 들어갈 알맞은 속담을 앞의 그림에서 찾아 쓰세요.

(1) 그는 밤낮을 가리지 않고 연구실에서 연구를 계속했다. ▨▨▨▨▨▨ 노력으로 연구에 몰두한 결과 세상 사람들이 알아주는 놀라운 연구 결과를 낼 수 있었다.

(2) 일제는 공출과 징용으로 우리 국민을 괴롭혔다. 사람들은 ▨▨▨▨▨▨ 한 해 농사를 지어서는 거의 대부분을 빼앗겨야 했다.

(3) 그는 면접을 볼 때 "저는 이 회사에 ▨▨▨▨▨▨ 작정입니다."고 말했지만, 1년이 채 안 되어서 다른 회사로 옮겼다.

(4) 그런 나쁜 짓을 할 생각도 말아. 혹시라도 발각되면 ▨▨▨▨▨▨ 거야.

2 뼈는 한자로 하면 '골(骨)'입니다. 다음 사자성어의 맞는 뜻을 찾아 줄로 이으세요.

(1) 각골난망 •

(2) 골육상쟁 •

(3) 계란유골 •

㉠ 뼈와 살이 다툰다는 뜻으로, 형제나 같은 민족이 서로 다툼을 의미함

㉡ 달걀에도 뼈가 있다는 뜻으로, 운수가 나쁜 사람은 모처럼 좋은 기회를 만나도 잘 안됨을 이르는 말

㉢ 남에게 입은 은혜가 뼈에 새길 만큼 커서 잊히지 않음을 의미함

뼈의 종류와 기능을 알 수 있어요

읽고
공부한 날
/

❖ 다음 글을 읽고 물음에 답하세요. 문제·1~2 정답과 도움글·131쪽

뼈는 우리 몸을 지탱하고 뇌, 심장, 폐 등의 몸속의 내부 기관을 보호하는 역할을 하는 단단한 물질을 말합니다. 뼈와 뼈가 서로 맞닿아 연결되는 부위를 관절이라고 부릅니다. 뼈는 근육과 함께 운동 기관에 속합니다.

뼈는 부위에 따라 모양과 역할이 다릅니다. 머리뼈는 둥근 모양으로 뇌를 보호해 줍니다. 갈비뼈는 여러 개의 뼈가 좌우로 둥글게 연결되어 심장과 폐 등 몸속 기관을 보호해 줍니다. 등뼈는 몸을 지탱하는 역할을 합니다. 다리뼈는 서 있거나 걷고, 뛰는 역할을 합니다. 손가락뼈는 연결되어 있어서 물건을 집는 것처럼 섬세한 동작을 할 수 있습니다.

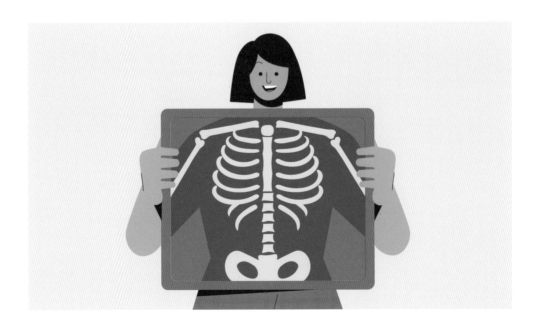

1 앞글을 읽고 그림에 맞게 뼈의 이름을 쓰세요.

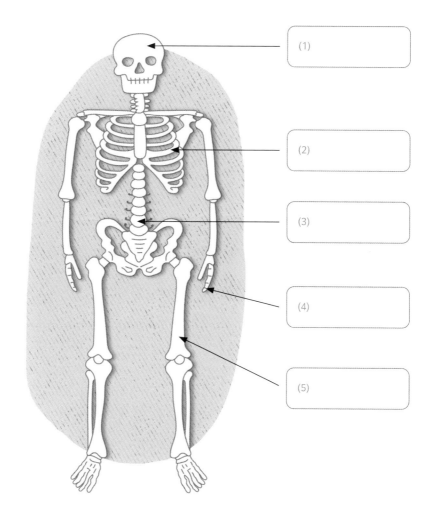

(1)

(2)

(3)

(4)

(5)

2 앞글에 나온 지탱과의 쓰임이 바르지 <u>않은</u> 것을 고르세요. (   )

① 산소 호흡기로 목숨이 지탱되다.

② 무너져 가는 담을 버팀목이 지탱하고 있다.

③ 그는 대다수 국민의 지탱으로 대통령에 당선되었다.

④ 이런 큰일은 한 사람의 힘으로는 지탱이 되기 힘들다.

⑤ 뿌리는 수분과 양분을 빨아올리고 줄기를 지탱하는 작용을 한다.

❖ **다음 글을 잘 읽고 물음에 답하세요.** 문제·어휘/이해/응용   정답과 도움글·131~132쪽

가

뼈는 우리 몸을 지지하고 심장이나 뇌 등의 주요 장기를 보호하며 몸을 움직이는 데에도 중요한 역할을 한다. 뼈는 평생 동안 길이나 굵기가 변하는 동적인 조직이며 외부 환경에 따라 뼈의 단단한 정도가 바뀌기도 한다. 뼈를 이루는 무기물과 뼈의 세포는 계속 제거되고 다시 생성되는 교체 과정을 겪는데, 이러한 과정을 뼈의 재구성이라고 한다. 뼈의 재구성은 뼈의 구조 유지에 필수적인 것으로 일생 동안 일어난다.

나

뼈의 재구성에 관여하는 주요 세포에는 뼈 모세포, 뼈세포, 뼈 파괴 세포가 있다. 뼈 모세포는 뼈 조직의 표면에 주로 위치한 세포로 뼈 바탕질[1]을 생산하는 역할을 한다. 뼈세포는 뼈 모세포가 더 이상 뼈 바탕질을 생산할 수 없게 된 세포이고, 뼈 파괴 세포는 뼈 모세포에 비해 크고 운동성이 있는 세포로 뼈 바탕질을 분해할 수 있는 효소들이 풍부하다.

1 뼈 바탕질 무기물과 유기물로 이루어져 있는 석회화된 뼈의 바탕.

다

뼈의 재구성은 뼈 바탕질의 교체부터 시작되는데, 이를 위해서는 뼈 바탕질이 파괴되어야 한다. 이 역할을 하는 뼈 파괴 세포는 재구성이 필요한 뼈 바탕질로 이동한 후, 산과 단백질 분해

2 **아교 섬유** 결합 조직의 세포 간 물질에 존재하며 아교질의 단백질로 된 섬유이다. 끓이면 아교같이 녹는다.

효소를 분비하여 뼈 바탕질의 무기물과 아교 섬유[2]를 분해하며 뼈 바탕질의 표면을 이동해 가면서 계속 뼈 바탕질을 녹여 나간다. 뼈 파괴 세포가 뼈 바탕질을 녹이며 지나간 자리로 주변에 있던 뼈 모세포가 이동하여 분열하게 되고, 그 과정에서 뼈 파괴 세포가 분해한 무기물과 아교섬유 등을 이용하여 뼈 바탕질을 새롭게 형성하고 강화하면서 재구성은 완료된다. 그리고 이렇게 뼈 바탕질을 새롭게 생산하던 뼈 모세포 중 일부는 더 이상 새로운 뼈 바탕질을 만들지 못하고 뼈세포가 된다. 이러한 과정을 통해 예전의 뼈는 새롭게 보강되고 단단해진다.

라

한편 뼈의 재구성은 압력과 같은 외부 환경에 영향을 받는다. ㉠만일 우주처럼 중력이 낮은 공간에 오래 머물게 되면, 뼈에 가해지는 압력이 약해져서 뼈는 지구에 있을 때 받던 압력을 견딜 만큼 단단해질 필요가 없게 된다. 그래서 새롭고 단단한 뼈 바탕질로 교체하는 뼈 모세포의 활동은 줄어든다. 반면 뼈의 분해는 계속 진행되므로 뼈의 강도가 지구에서와 달라진다.

라

일반적으로 뼈의 재구성은 나이에 따라 다르게 진행된다. 소아기부터 약 24세까지는 뼈의 생성이 뼈의 파괴보다 빠르게 일어나 뼈의 양이 증가하며 뼈는 더 조밀하고 강해진다. 그 이후에는 뼈의 양과 밀도 면에서 큰 변화가 없다가, 30대 후반을 넘어서면서 뼈의 파괴가 생성보다 조금씩 활발해지고 뼈의 밀도는 점차 감소한다.

1 지지는 두 가지 이상의 뜻을 가진 낱말이에요. 어떤 뜻으로 쓰였는지 알맞게 이으세요.

(1) 그는 대중의 전폭적인 지지를 얻었다. •

• ㉠ 무거운 물건을 받치거나 버팀

(2) 선반에 무거운 물건을 올려도 지지할 수 있게 단단히 고정했다. •

• ㉡ 개인이나 단체 따위의 생각에 찬동하여 이를 위하여 힘을 씀

2 다음은 가로세로 낱말 퀴즈예요. 설명을 읽고 알맞은 단어를 쓰세요.

(1)

가로
빽빽이 들어선 정도.
예 ○○가 높다.

세로
굳은 정도나 센 정도.
예 콘크리트는 나무보다 ○○가 세다.

(2)

가로
찢어져 나뉨.
예 국내의 여론이 ○○되었다.

세로
여러 부분이 결합되어 이루어진 것을 그 낱낱으로 나눔.
예 ○○했던 부품들을 다시 맞추다.

3 앞글을 읽고 다음 그림의 세포 이름을 쓰세요.

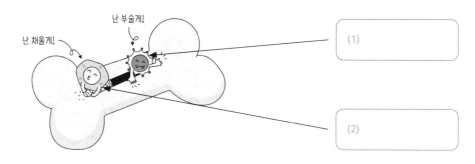

(1)

(2)

4 앞글에 쓰인 (보기) 단어를 다음 제시 글의 □에 알맞게 쓰세요.

(보기)   감소   보강   분비   유지   풍부

건강은 인간 삶에서 가장 중요한 가치 중 하나입니다. 건강을 (1)

하기 위해서는 영양이 (2)   한 음식을 먹고, 꾸준히 운동하고 잘 자고

충분히 휴식을 취해야 합니다.

사람이 자는 동안에 성장 호르몬이 (3)   되니 잠을 잘 자는 것은 무엇

보다 중요합니다. 충분한 휴식은 스트레스 (4)   에 효과가 있습니다.

만약에 체력이 약해졌다면 체력을 (5)   하기 위해 새로운 운동을 배

우는 것도 좋습니다.

1 이 글의 내용과 일치하지 <u>않는</u> 것을 고르세요. (　　)

① 뼈의 재구성은 일생 동안 계속 일어난다.

② 뼈 모세포는 뼈조직의 표면에 주로 위치한다.

③ 뼈의 단단한 정도는 외부 환경에 영향을 받는다.

④ 뼈 모세포, 뼈 파괴세포는 뼈의 재구성에 관여한다.

⑤ 뼈의 밀도는 나이가 많아질수록 지속적으로 높아진다.

2 다음 그림은 뼈의 재구성 과정 중 일부를 그림으로 나타낸 것이에요. 앞글을 바탕으로 그림의 내용을 이해한 것으로 적절하지 <u>않은</u> 것을 고르세요. (　　)

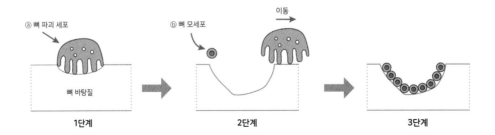

① 1단계에서 ⓐ가 뼈 바탕질로 이동한 것은 뼈 바탕질의 교체를 위한 것이겠군.

② 1단계에서 뼈 바탕질이 녹았다면 ⓐ가 산과 단백질 분해 효소를 분비했겠군.

③ 2단계에서 ⓑ는 ⓐ가 이동한 후 그 자리로 이동하겠군.

④ 3단계에서 ⓑ의 분열은 새로운 뼈 바탕질을 생산하기 위한 과정이겠군.

⑤ 3단계를 통해 뼈의 재구성이 완료되었다면 분열한 ⓑ 중 일부가 뼈세포가 되어 뼈 바탕질을 생산하겠군.

1 다음은 (라) 문단의 ㉠에 대한 학생의 반응이에요. ㉮~㉰에 들어갈 말이 알맞게 짝지어진 것을 고르세요. (   )

> 우주에서는 (㉮)의 활동이 (㉯)의 활동보다 줄어들어 뼈의 강도가 (㉰)해 지겠군.

	㉮	㉯	㉰
①	뼈 모세포	뼈 파괴 세포	약
②	뼈 모세포	뼈세포	약
③	뼈 파괴 세포	뼈 모세포	강
④	뼈 파괴 세포	뼈세포	강
⑤	뼈세포	뼈 파괴 세포	약

2 앞글을 읽고 추론한 내용으로 맞지 <u>않은</u> 것을 고르세요. (   )

① 할아버지 할머니가 되면 더 이상 뼈의 재구성이 일어나지 않는구나.

② 우주에 있다가 지구로 온 사람들은 뼈가 다치지 않도록 조심해야 할 거 같다.

③ 소아기부터 24세까지는 뼈를 다쳐도 생성이 빠르니 비교적 빨리 회복하겠구나.

④ 외부 환경에 따라 뼈의 단단한 정도가 바뀌기도 한다는 것은 지구와 달의 예에서 알 수 있네.

⑤ 30대 후반을 넘으면 뼈가 약해지겠네. 그래서 우리 엄마가 뼈가 튼튼해지는 영양제를 드시는 거구나.

지구 온난화에 대해 알 수 있어요

읽고
공부한 날
/

❖ 다음 그림을 보고 물음에 답하세요. 문제·1~2 정답과 도움글·132~133쪽

녹아내리는 빙하에 갈 곳 잃은 북극곰들

지구 온난화를 막기 위해 우리가 할 수 있는 작은 실천

운전할 때
급출발, 급가속하지 않기

적정 실내 온도
유지하기

사용하지 않는
플러그 뽑기

일회용품 사용 자제하고
재활용품 분리배출하기

물 아껴 쓰기

1 다음 낱말들의 뜻풀이를 읽고, 적절한 단어를 쓰세요.

(1) 지구 내부에서 오랫동안 커다란 힘을 받은 지층이 끊어지면서 흔들리는 현상. ○○의 세기를 진도나 규모로 나타낸다.

(2) 지구를 한 마을처럼 이르는 말. ○○○ 환경 문제는 모두의 과제이다.

(3) ○○ ○○는 태양에서 온 열이 지구 밖으로 빠져나가지 않도록 지구의 대기가 열을 가두는 작용을 말한다.

(4) 냉방과 난방을 합쳐서 이르는 말. ○○○을 과도하게 하는 것도 지구 온난화의 한 이유가 될 수 있다.

(5) 지구 온난화로 인한 기온 ○○가 점점 문제가 되고 있다.

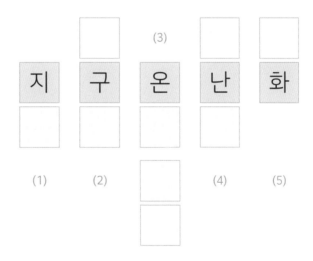

2 앞의 그림을 바탕으로 지구 온난화를 막기 위해 생활 속에서 실천할 수 있는 일을 더 찾아 쓰세요.

물의 상태 변화에 대해 알 수 있어요

❖ **다음 글을 읽고 물음에 답하세요.** 문제·1~3 정답과 도움글·133쪽

　물은 고체인 얼음, 액체인 물, 기체인 수증기의 세 가지 상태로 있으며 서로 다른 상태로 변할 수 있습니다. 이와 같이 물질의 상태가 변하는 것을 상태 변화라고 합니다.

　물이 얼음으로 상태가 변할 때 무게는 변하지 않지만 부피는 늘어납니다. 고체 상태인 얼음이 모두 녹아 물이 될 때에도 무게는 변하지 않습니다. 하지만 부피는 줄어듭니다.

　고체 상태의 얼음이 녹아 액체 상태의 물로 변하는 현상을 '융해'라 하고, 반대로 물질의 상태가 액체에서 고체로 변하는 현상을 '응고'라고 합니다.

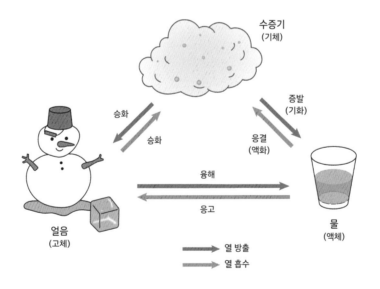

1 앞글의 내용에 맞게 다음 빈칸에 알맞은 말을 쓰세요.

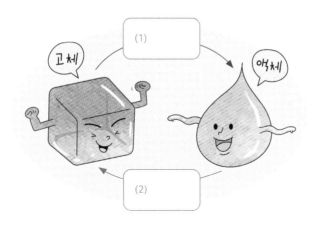

2 앞글을 읽고 맞는 말에 ○ 표 하세요.

(1) 물과 얼음의 무게가 각각 같을 때 (물, 얼음)이 부피가 더 크다.

(2) 물과 얼음의 부피가 같을 때 (물, 얼음)이 더 무겁다.

3 다음 사례를 읽고, 응고에는 '응', 융해에는 '융'이라고 쓰세요.

(1) 달고나를 만들기 위해 설탕을 녹였습니다. ☐

(2) 녹아 있는 설탕을 얇게 편 다음 삼각형 모양을 찍고 굳은 후에 모양 뽑기를

　　했습니다. ☐

(3) 콜라에 얼음을 넣었더니 녹으면서 시원해졌습니다. ☐

(4) 어제 먹고 남긴 삼겹살의 기름이 굳어져서 허옇게 되었습니다. ☐

(5) 양초에 불을 붙였더니 촛농이 녹아 떨어졌습니다. ☐

(6) 양초의 불을 끄니 녹았던 촛농이 굳었습니다. ☐

북극 얼음에 대해 알 수 있어요

❖ **다음 글을 잘 읽고 물음에 답하세요.** 문제·어휘/이해/응용   정답과 도움글·133~134쪽

가   북극의 겨울은 평균 기온이 영하 30℃이다. 바닷물도 얼어서 겨울에는 얼음 면적이 점점 늘어나 3월이면 가장 넓어진다. 여름에는 북극 평균 기온이 최고 10℃까지 올라간다. 기온과 수온이 오르면서 바다 위 얼음은 녹지만, 여름이 끝나는 9월에도 얼음 면적은 겨울철 면적의 3분의 1은 유지된다. 북극의 빙하가 점점 녹고 있다는 이야기는 많지만 북극의 얼음은 아직 그 규모를 비교적 잘 유지하고 있다. 냉수 속 얼음은 한 시간을 **넘기지** 못하고 모두 녹아 버리는데, 북극의 얼음은 어째서 10℃가 넘는 한여름에도 다 녹지 않고 바다에 떠 있을까?

나   얼음이 모두 녹아 물로 변하는 데에는 시간이 얼마나 걸릴까? 이를 알아내기 위해서 3℃로 유지되는 냉수 속에 정육면체인 얼음 하나를 완전히 잠기게 해서 공기와 접촉할 수 없는 상황을 설정해 보자. 실험 결과, 한 변의 길이가 1cm인 정육면체 얼음이 완전히 녹는 시간은 약 두 시간이다. 한편 같은 냉수 속에 한 변의 길이가 1cm인 정육면체 얼음 여덟 개를 담근다고 해 보자. 여덟 개의 얼음이 모두 물에 잠겨 있을 때에도 얼음이 완전히 녹는 데에 걸리는 시간은 여전히 약 두 시간이다.

다

그런데 한 변의 길이가 1㎝인 정육면체 여덟 개를 붙여 한 변의 길이가 2㎝인 정육면체 하나로 만들어 냉수 속에 넣는다면 어떻게 될까? 이때는 결과가 달라진다. 얼음 덩어리 전체의 부피는 8㎤로 같지만, 물과 접촉한 얼음의 총면적이 달라지기 때문이다. 한 변의 길이가 1㎝인 정육면체 여덟 개가 각각 물에 잠겨 있다고 할 때 물에 접촉하는 얼음의 총면적은 48㎠이지만, 이것을 붙여 각 변의 길이를 2㎝로 만든 정육면체 얼음이 물과 접촉하는 총면적은 24㎠이다. 물과 접촉하는 면적이 절반으로 줄었기 때문에 같은 시간 동안 물에서 얼음으로 전달되는 열에너지의 양도 반으로 줄어들게 된다. 따라서 이 얼음이 다 녹는 데 필요한 시간은 두 배만큼 늘어나 네 시간 가량이 된다.

라

이처럼 얼음의 부피가 클수록 얼음이 녹는 데 걸리는 시간은 늘어난다. 또한 얼음이 물에 닿는 면적이 넓을수록 얼음이 빨리 녹는다. 얼음이 녹는 시간은 얼음 부피가 클수록 오래 걸리고, 물에 닿는 면적이 클수록 짧아진다는 것을 알 수 있다. 얼음덩어리의 크기가 작아지면 그만큼 더 빨리 녹기 때문에 얼음을 이용해 물을 차갑게 하거나 열을 내리고자 할 때는 크기가 큰 얼음덩어리보다 잘게 부순 얼음 조각을 쓰는 것이 훨씬 효율적이다. 얼음이 더 빨리 녹으면서 한층 빠르게 열을 빼앗아 가기 때문이다.

마

북극 바다 위에 떠 있는 얼음의 모습은 물에 잠긴 정육면체와는 많이 다르다. 정육면체는 물속에 잠겨서 모든 부분에 물과 접촉하고 있었지만, 북극 바다의 얼음은 바닥 부분만 바닷물과 접촉하고 있다. 그래서 여름철에 수온이 오르면 해빙은 바닥부터 녹는다. 정육면체 얼음 덩어리는 여섯 면이 모두 열전달 통로 역할을 하는 데 반해, 북극 해빙은 바닥 쪽 한 면에서만 열에너지가 전달된다고 볼 수 있는 것이다. 북극 얼음은 계산하기 어려울 정도로 매우 크고 물에 닿는 면이 한 면뿐이며, 닿는 면적에 비해 부피가 매우 크기 때문에 10℃가 넘는 북극의 한여름에도 다 녹지 않고 바다에 떠 있을 수 있는 것이다.

1 다음은 가로세로 낱말 퀴즈예요. 설명을 읽고 알맞은 단어를 쓰세요.

(1)
① [ ]
② [ ][ ]

세로
바닷물이 얼어서 생긴 얼음

가로
강이나 바다 등에 있는 거대한 얼음덩어리

(2)
② [ ]
① [ ][ ]

세로
대기의 온도

가로
물의 온도

2 (가) 문단의 넘기지의 문맥적 의미와 가장 유사한 것을 고르세요. ( )

① 그는 목감기에 걸려 밥을 넘기지 못했다.
② 그는 나무를 제대로 베어 넘기지 못했다.
③ 그는 네트 너머로 배구공을 넘기지 못했다.
④ 그는 끝내 원고를 출판사에 넘기지 않았다.
⑤ 그는 그 일을 처리하는 데 일주일을 넘기지 않았다.

1 앞글의 내용에서 얼음이 녹는 시간을 확인하기 위해 세 번의 실험을 했어요. 이 내용을 순서대로 잘 표현한 것을 고르세요. (　　　)

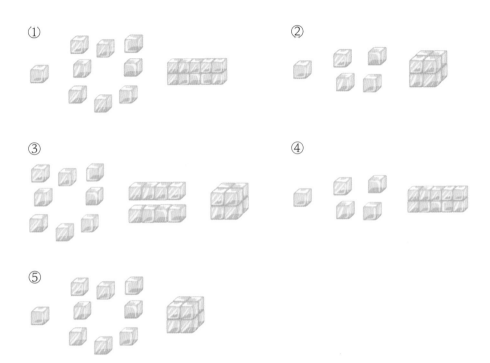

2 앞글의 내용으로 적절하지 <u>않은</u> 것을 고르세요. (　　　)

① 빨리 열을 내리고자 할 때는 얼음이 클수록 더 효과적이다.

② 열에너지는 온도가 높은 곳에서 낮은 곳으로 이동한다.

③ 북극 해빙은 물에 닿는 면이 한 면이어서 녹는 시간이 길어진다.

④ 얼음이 물과 접촉하는 면적이 클수록 물에서 얼음으로 전달되는 열에너지의 양이 늘어난다.

⑤ 얼음덩어리 크기가 작을수록 얼음이 더 빨리 녹고 빨리 열을 빼앗긴다.

1 앞글을 읽고 시우가 아버지와 나눈 대화예요. □에 들어갈 내용으로 가장 적절한 것을 고르세요. (   )

아버지 : 이 글을 읽고 무엇을 새로 알게 되었니?

시우 : 얼음은 부피가 클수록, 공기와 닿는 면적이 작을수록 천천히 녹는다는 것을 알게 되었어요.

아버지 : 우리 지난번에 석빙고에 대해 알아봤지? 그럼 석빙고 얼음을 녹지 않게 보관하려면 더 효율적인 방법이 무엇일까?

시우 : 석빙고 얼음들은 사각형으로 잘라 보관하고 얼음 사이에 짚을 넣어 단열시킨다고 했었는데, 이 글 내용을 대입해 보면   .

아버지 : 그럼 왜 조상님들은 그 방법을 쓰지 않으셨을까?

시우 : 잘 모르셨나 봐요.

아버지 : 과연 그럴까? 그렇게 하면 얼음을 필요할 때 사용하기가 편리했을까?

시우 : 아, 단지 보관이 목적이 아니라 필요할 때 꺼내 쓰기 편해야 하니까 그랬군요! 역시 조상님들은 현명하시네요.

① 얼음들을 원형으로 만들어 보관하면 돼요.

② 얼음들을 일정 간격을 두고 보관하면 돼요.

③ 얼음들을 한 줄로 높이 세워 보관하면 돼요.

④ 얼음들의 표면에 차가운 물을 뿌려서 보관하면 돼요.

⑤ 얼음들을 정육면체 한 덩어리로 만들어 보관하면 돼요.

몸에서 나는 소리를 알 수 있어요

❖ 그림을 잘 보고 물음에 답하세요. 문제·1~2 정답과 도움글·134쪽

1 우리 몸의 여러 기관과 하는 일을 줄로 이으세요.

(1) 운동 기관 •

(2) 소화 기관 •

(3) 호흡 기관 •

(4) 순환 기관 •

(5) 배설 기관 •

(6) 감각 기관 •

• ㉠ 숨 쉬는 활동 ― 코, 기관지, 폐

• ㉡ 자극을 느낌 ― 눈, 귀, 코, 혀, 피부

• ㉢ 영양소와 산소 이동 ― 심장과 혈관

• ㉣ 몸을 움직이게 함 ― 뼈와 근육

• ㉤ 음식물을 소화 시킴 ― 입, 식도, 위, 창자, 항문

• ㉥ 노폐물을 몸 밖으로 내보냄 ― 콩팥, 방광

2 다음 문장의 □에 들어갈 알맞은 소리를 앞의 그림에서 찾아 쓰고, 우리 몸의 기관과 줄로 이으세요.

(1) 정상에 도착해서 [　　　] 하고 큰 숨을 내쉬었다. •

(2) 너무 놀라서 심장이 [　　　] 뛴다. •

(3) 형은 손가락 관절을 눌러 [　　　] 소리를 냈다. •

(4) 방귀를 [　　　] 뀌더니 이내 얼굴이 빨개졌다. •

(5) 밥을 먹을 때마다 [　　　] 소리를 내지 마라. •

• ㉠ 운동 기관

• ㉡ 소화 기관

• ㉢ 호흡 기관

• ㉣ 순환 기관

• ㉤ 배설 기관

인공 기관에 대해 알 수 있어요

❖ **다음 글을 읽고 물음에 답하세요.** 문제·1~3 정답과 도움글·134~135쪽

인간의 몸을 이루는 기관은 나이가 들면서 기능이 떨어지거나 갑작스러운 사고로 기능을 하지 못할 수 있습니다. 예전에는 이러한 일들로 고통받는 사람이 많았고 평균 수명도 짧았지만 지금은 의학과 기술이 발달하여 이를 해결할 수 있는 다양한 방법이 개발되었습니다.

인공 관절이나 인공 심장 등 우리 몸의 기관을 대신해서 사용하는 것을 인공 기관이라고 합니다. 과학자들은 기능이 떨어진 몸속의 기관을 보조하거나 대신할 수 있는 인공 기관을 연구합니다. 그 예로 청각 장애인을 위해 인공 달팽이관을 만드는 일이나, 사고로 손이나 발을 잃은 사람들을 위해 전자 의수나 전자 의족을 개발하는 일을 들 수 있습니다.

1 다음 □에 공통으로 들어갈 어휘를 쓰세요.

□□지능 / □□위성 / □□호흡

2 다음 문장의 □에 알맞은 말을 쓰세요.

우리 몸은 운동 기관, 소화 기관, 호흡 기관, 순환 기관, 배설 기관 등으로 이루어져 있습니다. 의수와 의족은   의 기능과 관련이 있습니다.

3 앞글에 나온 대신의 쓰임이 어색한 문장을 고르세요. (   )

① 아침에는 밥 대신 죽을 먹습니다.
② 그는 대답 대신 고개를 끄덕거렸다.
③ 못난 자식을 대신해서 제가 사과드리겠습니다.
④ 그녀는 얼굴이 예쁜 대신 마음씨가 곱고 착하다.
⑤ 작고한 작가의 아내가 남편을 대신하여 상을 받았다.

안전한 이식편에 대해 알 수 있어요

읽고
공부한 날
/

❖ 다음 글을 잘 읽고 물음에 답하세요. 문제·어휘/이해/응용   정답과 도움글·135~136쪽

가

신체의 세포, 조직, 장기가 손상되어 더 이상 제 기능을 하지 못할 때 이를 대체하기 위해 이식을 실시한다. 이때 이식으로 옮겨붙이는 세포, 조직, 장기를 이식편이라 한다. 자신이나 일란성 쌍둥이의 이식편을 이용할 수 없다면 다른 사람의 이식편으로 '동종 이식'을 실시한다. 그런데 우리 몸은 자신의 것이 아닌 물질이 체내로 유입될 경우 면역 반응을 일으키므로, 유전적으로 동일하지 않은 이식편에 대해 항상 거부 반응을 일으킨다. 이를 막기 위해 면역 억제제를 사용하는데, 이는 면역 반응을 억제하여 질병 감염의 위험성을 높인다.

나

이식에는 많은 비용이 소요될 뿐만 아니라 이식이 가능한 동종 이식편의 수가 매우 부족하기 때문에 이를 대체하는 방법이 개발되고 있다. 우선 인공 심장과 같은 '전자 기기 인공 장기'를 이용하는 방법이 있다. 하지만 이는 장기의 기능을 일시적으로 대체하는 데 사용되며, 추가 전력 공급 및 정기적 부품 교체 등이 요구되는 단점이 있고, 아직 인간의 장기를 완전히 대체할 만큼 정교한 단계에 이르지는 못했다.

다

다음으로는 사람의 조직 및 장기와 유사한 다른 동물의 이식편을 인간에게 이식하는 '이종 이식'이 있다. 그런데 이종 이식은 동종 이식보다 거부 반응이 훨씬 심하게 일어난다. 이런 거부 반응을 일으키는 유전자를 제거한 미니 돼지에서 얻은 이식편을 이식하는 실험이 성공한 바 있다. 미니 돼지는 장기의 크기가 사람의 것과 유사하고 번식력이 높아 단시간에 많은 개체를 생산할 수 있다는 장점이 있어 이를 이용한 이종 이식편을 개발하기 위한 연구가 진행되고 있다.

라

1 **내인성** 병의 원인이 내부에 있는 것. 보통 유전·체질에 의한 것을 내인성이라고 한다.

2 **레트로바이러스** 바이러스의 한 종류. AIDS 바이러스와 백혈병 다양한 감염병과 암 등을 일으키는데 내인성 레트로 바이러스는 체내에 존재하지만 병을 일으키지 않는다.

3 **역전사 효소** 바이러스 복제 과정이 다른 바이러스와 반대인 효소

이종 이식의 또 다른 문제는 내인성[1] 레트로바이러스[2]이다. 내인성 레트로바이러스는 생명체의 DNA의 일부분으로, 레트로바이러스로부터 유래된 것으로 여겨지는 부위들이다. 이는 바이러스의 활성을 가지지 않으며 사람을 포함한 모든 포유류에 존재한다. 레트로바이러스는 자신의 유전 정보를 RNA에 담고 있고 역전사 효소[3]를 갖고 있는 바이러스로서, 특정한 종류의 세포를 감염시킨다. 이후에는 다른 바이러스와 마찬가지로 자신이 속해 있는 생명체를 숙주로 삼아 숙주 세포의 시스템을 이용하여 복제·증식하고 일정한 조건이 되면 숙주 세포를 파괴한다.

마

그런데 정자, 난자와 같은 생식 세포가 레트로바이러스에 감염되고도 살아남는 경우가 있었다. 이런 세포로부터 유래된 자손의 모든 세포가 갖게 된 것이 내인성 레트로바이러스이다. 내인

성 레트로바이러스는 세대가 지나면서 해당 세포 안에서는 바이러스로 활동하지 않는다. 그러나 내인성 레트로바이러스를 떼어 내어 다른 종의 세포 속에 주입하면 이는 레트로바이러스로 변환되어 그 세포를 감염시키기도 한다. 따라서 미니 돼지의 DNA에 포함된 내인성 레트로바이러스를 효과적으로 제거하는 기술이 개발 중에 있다. 그동안의 대체 기술과 관련된 연구 성과를 토대로 이상적인 이식편을 개발하기 위해 많은 연구가 수행되고 있다.

1 앞글의 내용에 맞게 다음 □에 적절한 말을 쓰세요.

(1) 이식으로 옮겨붙이는 세포, 조직, 장기를   이라 한다.

(2) 레트로바이러스는 자신의 유전 정보를 RNA에 담고 있고
　　　 를 갖고 있는 바이러스이다.

2 다음 한자를 보고 □에 알맞은 말을 쓰세요.

同　　種　　移　　植

같을 동　　씨 종　　옮길 이　　심을 식

異　　種　　移　　植

다를 이　　씨 종　　옮길 이　　심을 식

동종 이식은 동식물의 세포, 조직, 장기 등의 부분을 잘라　　　　종류의
생물에 옮겨 심는 것이고, 이종 이식은　　　　종류의 생물에 옮겨 심는
것을 말한다.

1 앞글의 내용에 맞게 다음 문장의 □에 적절한 말을 쓰세요.

동종 이식	• 면역 반응 ···▸ (1) □□ □□ 사용 • 이식편의 수가 매우 부족함.
전자 기기 인공 장기	• 추가 전력 공급 및 정기적 (2) □□ 교체 등이 필요 • 정교한 단계에 이르지는 못함.
이종 이식	• 단시간에 많은 개체를 생산할 수 있음. • 심한 거부 반응 ···▸ 거부 반응 일으키는 (3) □□□ 제거 • 내인성 레트로바이러스로 인한 문제 ···▸ 내인성 레트로바이러스를 제거하는 기술 개발 중

2 앞글에서 알 수 있는 내용으로 적절하지 <u>않은</u> 것을 고르세요. (   )

① 레트로바이러스는 숙주 세포의 역전사 효소를 이용하여 RNA를 DNA로 바꾼다.

② 포유동물은 과거에 어느 조상이 레트로바이러스에 의해 감염된 적이 있다.

③ 이종 이식을 하는 것만으로도 바이러스 감염의 원인이 될 수 있다.

④ 면역 세포의 작용으로 인해 장기 이식의 거부 반응이 일어난다.

⑤ 동종 간보다 이종 간의 이식 때 거부 반응이 더 크게 나타난다.

1 다음은 신문 기사의 일부예요. 이 글을 참고할 때, 기사의 '세포 기반 인공 이식편'에 대한 반응으로 적절하지 <u>않은</u> 것을 고르세요. (　　　)

韓國新聞

2020년 8월 21일

제00054호　　　　　　　　한국신문

최근 줄기세포 연구와 3D 프린팅 기술이 급속도로 발전하고 있다. 줄기세포는 인체 모든 세포나 조직으로 분화할 수 있다. 그러므로 수혜자 자신이 줄기세포만을 이용해 바이오 프린팅 기술로 제작한 <u>세포 기반 인공 이식편</u>을 만들 수 있을 것으로 전망된다. 이미 미니 폐, 미니 심장 등의 개발 성공 사례가 보고되었다.

① 이종 이식편과 달리 자연 항체에 의한 면역 거부 반응이 일어나지 않겠군.
② 이종 이식편과 달리 유전자를 조작하는 과정이 필요하지는 않겠군.
③ 동종 이식편과 달리 내인성 레트로바이러스를 제거할 필요가 없겠군.
④ 동종 이식편과 달리 이식 후 면역 억제제를 사용할 필요가 없겠군.
⑤ 전자 기기 인공 장기와 달리 전기 공급 없이도 기능을 유지할 수 있겠군.

정답과
도움글

1단계 그림과 함께 읽기   본문 13쪽

맥락에 맞게 이해해요

1 비유

2 (1) 책   (2) 소화   (3) 소화

3 (1) ⓒ   (2) ⓛ   (3) ⓙ

도움글

1. 어떤 현상이나 사물을 직접 설명하지 아니하고 다른 비슷한 현상이나 사물에 빗대어서 설명하는 것을 비유라고 합니다. 책 읽는 것을 음식 먹는 것에 비유했습니다.

3. 책을 읽는 목적에 따라 읽는 방법이 달라집니다. '맛본다'는 것은 흥미를 목적으로 가볍게 읽는다는 뜻입니다. '삼킨다'는 것은 읽고 내용을 이해한다는 뜻입니다. 씹어서 소화한다는 것은 책 내용을 이해하고 책의 내용에 맞게 실천하거나 완전히 내 것으로 만든다는 뜻입니다.

2단계 초등 교과서 읽기   본문 15쪽

올바른 방법으로 책을 읽어요

1 대화

2 (1) ⓛ   (2) ⓙ   (3) ⓒ

3 쉬운 단어로 쓰인 책

    아는 내용이 있는 책

    재미로 읽는 책

    평소에 흥미가 있던 주제의 책

    (예시 답안) 쉬운 내용이나 알고 있던 내용, 평소에 흥미를 가졌던 내용이라면 더 쉽게 빨리 읽을 수 있습니다.

도움글

1. 바탕글의 제일 첫 문장에 나오는 내용입니다.

2. 글을 읽는 목적에 따라 읽는 방법이 달라집니다.

3. 어휘력을 기르고 배경지식을 쌓아 두면 책을 빨리 쉽게 읽을 수 있습니다.

3단계 수능형 지문 읽기   본문 18~21쪽

독자의 사고 과정을 파악해요

●글 해설

이 글은 글을 읽는 독자의 사고 과정을 파악하기 위해 눈동자 움직임을 분석하는 방법을 소개하고 있다. 독자의 눈동자 움직임에 대한 연구에 따르면 글을 읽을 때 눈동자를 멈추는 '고정'이나 뛰어넘는 '비약'을 보였는데, 독자가 생각하는 단어의 중요도나 친숙함 정도에 따라 눈동자의 고정 시간과 횟수, 도약의 길이와 방향이 달랐다. 눈동자의 움직임 양상은 독자의 읽기 능력이 발달하면서 고정 횟수와 시간이 줄고 도약이 자주 일어났다.

●주제

독자의 사고 과정을 밝힐 수 있는 눈동자 움직임 분석 방법

●문단 요약

㉮ 눈동자 움직임 분석 방법으로 독자의 사고 과정을 밝힐 수 있다.

㉯ 중요하거나 생소한 단어일수록 고정 시간이 길고 횟수가 많다.

㉰ 읽기 능력이 발달하면 이전과 같은 수준의 글을 읽을 때 고정 시간이 줄어든다.

어휘   **1** (1) ⓒ   (2) ⓙ   (3) ⓔ   (4) ⓛ

       2 (1) 주목   (2) 생소

2. (1) 주목 : 관심을 가지고 주의 깊게 살핌. 또는 그 시선.

(2) 생소하다 : 어떤 대상이 친숙하지 못하고 낯설다. 익숙하지 못하고 서투르다.

 이해

1 ①

2 ①

1. 문단 (가)에서 글을 읽는 독자의 사고 과정이 눈동자 움직임에 반영된다고 보고 그 특성을 분석하는 방법을 눈동자 움직임 분석 방법이라고 했습니다. 따라서 글을 읽을 때 독자의 눈동자는 사고 과정에 영향을 받아 움직인다고 할 수 있습니다.

② 문단 (가)에서 눈동자 움직임 분석 방법은 독자의 사고 과정을 밝힐 수 있는 방법 중 하나라고 했기 때문에 다른 방법도 있을 수 있습니다.

③ 문단 (다)에서 읽기 능력이 발달하면 이전과 같은 수준의 글을 읽거나 전에 읽었던 글을 다시 읽을 때, 고정 횟수와 고정 시간이 줄어든다고 했습니다. 이처럼 독자가 느끼는 글의 어려움 정도는 독자의 눈동자 움직임에 직접적으로 영향을 줍니다.

④ 문단 (나)에서 독자가 중요하거나 생소하다고 생각한 단어일수록 고정 시간이 길고, 고정 횟수도 많다고 했습니다. 이는 자신에게 친숙한 단어일수록 중요하게 판단한다고 밝힌 것은 아닙니다.

⑤ 중요한 단어에 고정이 일어나기 때문에 눈동자의 움직임에 영향을 줍니다.

2. 독자의 읽기 능력이 발달하면서 눈동자 움직임에 변화가 생기는 것은 글을 읽는 전략이 생기는 것입니다. 글을 깊이 있게 이해하기 위한 목적으로 꼼꼼히 읽으면 단어에 대한 고정 횟수와 고정 시간이 늘어날 것입니다.

 응용

1 ④

2 ⑤

1. 문단 (나)에서는 독자가 중요하다고 생각하는 단어일수록 고정 시간이 길고, 고정 횟수가 많았다고 하였습니다. 그런데 ㉝에서 학생은 글의 주제와 관련된 단어들에 집중하며 읽었다고 하였습니다. 주제와 관련된 단어들이라면 학생이 중요하다고 생각하는 단어들일 것이므로, 이 단어들을 읽을 때에는 글의 주제와 관련 없는 단어들을 읽을 때보다 고정 시간이 길고 고정 횟수가 많았을 것입니다.

2. ① 잘 아는 내용을 읽을 때는 긴 도약이 자주 일어난다고 했습니다.

② 문단 (나)에서 독자가 중요하거나 생소하다고 생각한 단어일수록 고정 시간이 길다고 했습니다.

③ 문단 (나)에서, 되돌아와 다시 읽는 경우도 있는데 이때의 도약은 글의 진행 방향과는 다르게 나타난다고 했습니다.

④ 문단 (나)에서 독자가 중요하다고 생각한 단어일수록 고정 시간이 길다고 했습니다.

⑤ 문단 (다)에서 잘 아는 내용을 읽을 때 이전보다 고정 횟수와 고정 시간이 줄어든다고 했습니다.

1단계 그림과 함께 읽기　　　　　　본문 23쪽

여러 분야 책을 골고루 읽어요

1 책, 읽는다

2 ⑴ 8　⑵ 7　⑶ 6　⑷ 9

도움글

1. '편'은 한쪽으로 치우친다는 의미입니다. 음식을 먹을 때도 독서를 할 때도 치우치지 않고 골고루 읽으며 균형을 지키는 것이 필요합니다.

2. 지금까지 좋아하는 책만 읽었다면 앞으로 분야별로 다양한 책들을 찾아 읽어 보도록 합니다.

2단계 초등 교과서 읽기　　　　　　본문 25쪽

한국인의 독서 실태를 파악해요

1 줄었습니다, 동화·소설

2 ③

3 ⑴ 실태　⑵ 감소　⑶ 성향　⑷ 선호

도움글

2. 마지막 문단에서 자기가 좋아하는 특정 분야 책만 골라 읽으면 그 주제에 대한 지식은 풍부해지겠지만 관심 분야 외에는 지식이 부족하거나 읽는 힘이 떨어질 수 있다고 했습니다.

3. • 실태 : 있는 그대로의 상태. 또는 실제의 모양.

　• 감소 : 양이나 수치가 줆. 또는 양이나 수치를 줄임.

　• 성향 : 성질에 따른 경향.

　• 선호 : 여럿 가운데서 특별히 가려서 좋아함.

3단계 수능형 지문 읽기　　　　　　본문 28~31쪽

정조의 독서 방법을 알 수 있어요

● 글 해설

정조 임금은 세상을 다스리는 데 도움이 되는 책을 중시했고, 책 읽는 자세도 중요하게 생각했다. 경전을 읽을 때 자신의 필요에 따라 새롭게 해석하는 유연한 독서를 강조했고, 독서 후 실천을 중시했다. 또한 효과적인 독서를 위한 여러 방법을 제시했다.

● 주제

정조의 독서 방법

● 문단 요약

가 정조 임금은 세상을 다스리는 데 도움이 되는 책을 중시했다.

나 경전을 읽을 때 자신의 필요에 따라 새롭게 해석하는 유연한 독서를 중시했다.

다 독서 후 실천을 중시했다.

라 효과적인 독서를 위한 여러 방법을 제시했다.

어휘　1 ④

　　　　2 ④

도움글

1. '버금가다'는 '으뜸의 바로 아래가 되다'는 뜻으로 비교가 될 으뜸이 되는 대상이 나와야 합니다. 가장 최고의 바로 다음인 만큼 꽤 높은 수준임을 나타낼 때 쓰는 표현입니다. ④는 '버금가서' 대신 '으뜸가서'가 쓰여야 합니다.

2. ④는 비슷한 의미입니다.

이해　1 ④

　　　　2 ④

도움글

1. 문단 (다)에서 정조는 수레 다섯 대에 실을 정도로 많은 분량의 책을 읽는 것보다는, 책에 담긴 뜻을 정밀히 살피고 잘 분별해 판단한 다음 몸과 마음으로 익혀서 책의 내용을 삶으로 실천하려는 노력이야말로 학문을 하는 기본 자세라고 했습니다.
2. 학생은 소설도 분명히 도움이 되는 책이라고 생각하고 있습니다. 이러한 자기 생각을 바탕으로 소설에 대한 정조의 생각에 대해 의문을 가졌습니다. 이후 정조가 소설을 부정적으로 본 이유가 자세히 설명된 책을 찾아봐야겠다며 추가적인 독서 계획을 세우고 있습니다.

응용

1 ⑤

2 ③

도움글

1. 제시 글의 ㉯는 화가 날 때 마음대로 해서는 안 된다는 뜻의 《논어》 구절을 떠올리며 실제 삶 속에서도 화나는 일이 생겼을 때 화를 참고 이를 가라앉혀 마음대로 하지 않았다는 점에서 경전의 내용을 자기 삶에서 실천했다고 할 수 있습니다.

   ① 제시 글의 ㉮가 단순히 책 한 권을 자기 말처럼 다 외웠다고 하여, 상황에 따라 경전을 새롭게 해석한 것으로는 볼 수 없습니다.

   ② 제시 글의 ㉮는 생각이 책 속에 미치지 못한 상태에서 읽은 것과 반대로 행동하였을 뿐이므로 자신의 필요에 따라 유연한 독서를 지향했다고는 볼 수 없습니다.

   ③ 제시 글의 ㉯는 책을 제대로 외우지는 못했지만 책에 담긴 뜻을 삶에서 실천했기 때문에 생활에 쓰이는 독서를 실행했다고 볼 수 있습니다.

   ④ 제시 글의 ㉯는 화나는 일이 생기면 반성하고 책에 담긴 뜻대로 행동했기 때문에 책에 담긴 뜻을 심신으로 체득했다고 볼 수 있습니다.
2. ① 정조가 실용적인 독서를 한 것은 백성을 다스리는 데 도움이 되는 독서를 하기 위해서였으며, 모든 사람에게 실용적인 독서를 하라고 한 것은 아닙니다.

   ② 무조건 따라 읽어서는 안 된다고 해서 책을 마음대로 해석해서 읽으라는 것은 아닙니다.

   ④ 반드시 정해진 시간에 정해진 분량만 읽어야 하는 것은 아닙니다.

   ⑤ 책을 읽은 뒤 의견을 나누거나 토론을 하라는 것이지 같이 모여서 읽으라는 것은 아닙니다.

국어 ❸

1단계 그림과 함께 읽기 본문 33쪽

맥락으로 단어 의미를 이해해요

1 (예시 답안) '먹다'는 두 가지 이상의 뜻을 가진 단어야. 일정한 나이에 이르거나, 나이를 더 늘어나는 것도 '먹다'라고 해.

2 (1) ㉡ (2) ㉣ (3) ㉤ (4) ㉠ (5) ㉢

3 (1) ㉡ (2) ㉠

도움글

2. 사전에 하나의 항목으로 실려 있지만 의미가 여러 가지로 확장되어 쓰이는 낱말을 '다의어'라고 합니다. '먹다'는 두 가지 이상의 뜻을 가진 다의어입니다. 여기서 '먹다'는 여러 의미를 지니지만, 무엇인가를 보태거나 더한다는 뜻으로 연결되어 있습니다. 다의어의 의미들은 중심 의미에서 주변 의미까지 확장된 것입니다.
3. 이 문제에 사용된 '먹다'는 동음이의어로 소리는 같지만 뜻은 전혀 다릅니다. 이런 관계에 있는 단어를 동음이의어라고 합니다.

다의어와 동음이의어를 이해해요

1 (1) 다의어   (2) 동음이의어

2 (1) 배   (2) 차다

3 (1) 동   (2) 다   (3) 동   (4) 동   (5) 다   (6) 다

도움글

2. (1) '배'의 동음이의어들입니다. '배'에는 사람이나 동물의 신체 부위, 과일, 탈것 등의 의미가 있는데 소리만 같고 뜻이 모두 다른 단어입니다.

   (2) '차다'의 동음이의어들입니다. '차다'에는 온도가 낮다, 발로 내지르다, 가득하게 되다 등의 의미가 있는데 소리만 같고 뜻이 모두 다른 단어입니다.

3. 다의어와 동음이의어는 헷갈릴 수 있습니다. 의미에 연관성이 있는지 없는지를 기준으로 구분할 수 있습니다.

   (1) 벌 : '곤충의 종류', '잘못하거나 죄를 지은 사람에게 주는 고통'을 뜻하는 두 단어는 소리는 같지만 뜻이 다른 동음이의 관계입니다.

   (2) 높다 : '산이 높다'와 '수준이 높다'는 '아래에서 위까지의 길이가 길다'는 중심 의미와, '수준 따위가 보통보다 위에 있다'는 주변 의미로 사용된 것이기 때문에 다의 관계입니다.

   (3) 비 : '하늘에서 물방울이 내리는 기상 현상', '청소 도구' 이 둘은 소리는 같지만 다른 단어인 동음이의 관계입니다.

   (4) 쓰다 : '모자 따위를 머리에 얹어 덮다', '필기구로 종이 따위에 획을 긋는다' 이 둘은 소리는 같지만 뜻이 다른 동음이의 관계입니다.

   (5) 아침 : '날이 새면서 오전 반나절쯤까지의 동안', '아침에 끼니로 먹는 음식'은 중심 의미와 주변 의미로 사용된 것이기 때문에 다의 관계입니다.

   (6) 머리 : '사람이나 동물의 목 위의 부분', '생각하고 판단하는 능력'은 중심 의미와 주변 의미로 사용된 것이기 때문에 다의 관계입니다.

다의어의 특징을 알 수 있어요

● 글 해설

이 글은 먼저 다의어의 중심 의미와 주변 의미의 개념을 밝히고, 중심 의미와 주변 의미가 지니는 주요 특성을 구체적인 사례를 통해 제시하고 있다. 다의어가 중심 의미로 사용될 때에 비해 주변 의미로 사용될 때에는 문법적 제약이 나타나기도 하고 추상성이 강화되는 경향도 있다는 것이다. 또한 다의어의 의미들은 서로 관련성을 갖는데 이때 다의어의 의미들이 서로 대립적 관계를 형성하는 경우도 있음을 설명하고 있다.

● 주제

다의어의 중심 의미와 주변 의미의 문법적·의미적 특성

● 문단 요약

가 다의어의 의미

나 주변 의미로 사용되었을 때의 문법적 제약

다 주변 의미는 추상성이 강화되는 경향

라 다의어 의미들 간의 관련성

마 다의어 의미들이 대립적 관계를 맺는 예

바 문장의 호응에 대한 예시

어휘   **1** (1) 잦다   (2) 낮다   (3) 높다

          2 (1) ㉡   (2) ㉢   (3) ㉠

도움글

1. '빈도'는 어떤 일이 되풀이되는 정도나 횟수를 말합니다. 보통 '빈도가 높다, 낮다'와 같이 사용합니다. '잦다'는 여러 차례 거듭되는 간격이 매우 짧다는 의미로, '빈도가 잦다'는 것은 일어나는 횟수의 간격이 짧다는 의미입니다.

이해 **1** ③

2 ②

도움글

1. 문단 (가)에서 중심 의미는 일반적으로 주변 의미보다 언어 습득의 시기가 빠르며 사용 빈도가 높다고 했습니다.

2. '손님'의 '손'과 신체의 일부인 '손'은 동음이의어이므로 주변 의미가 아닙니다.

응용 **1** (1) 빚쟁이 (2) 금방

2 ①

도움글

1. 문단 (마)에서 다의어의 의미들이 대립적 관계를 갖기도 한다고 했고 그 예로 '앞'을 들었습니다. '빚쟁이'는 남에게 돈을 빌려준 사람이나 빚을 진 사람을 낮잡아 이르는 말로 중심 의미와 주변 의미가 대립되는 단어입니다. '금방'도 말하는 시점보다 바로 조금 전에, 말하는 시점부터 바로 조금 후에의 두 가지 의미를 갖습니다.

• 빚쟁이에게 시달리다. (돈을 빌려준 사람)

• 농민들이 하루아침에 빚쟁이가 되었다. (돈을 빌린 사람)

• 금방 밥을 먹었는데 또 배가 고프다. (말하고 있는 시점 바로 조금 전)

• 금방 갈 테니 조금만 기다리세요. (말하고 있는 시점 바로 조금 후)

2. '눈'의 중심 의미는 '감각 기관'이고, '눈이 나빠지다'의 '눈'은 '시력'을 뜻하는 주변 의미입니다. 문단 (다)에서 기존 의미가 확장되어 생긴 주변 의미는 기존 의미보다 추상성이 강화되는 경향이 있다고 했기 때문에 '눈'의 기존 의미인 '감각 기관'에 비해 확장된 주변 의미인 '시력'이라는 의미가 더 구체적이라는 추론은 적절하지 않습니다.

② 문단 (나)에 따르면 다의어가 주변 의미로 사용되었을 때는 문법적 제약이 나타나기도 한다고 했습니다. '팽이가 돌다, 팽이를 돌리다'에 쓰인 '돌다'에 비해 '군침이 돌다'는 가능하지만 '군침을 돌리다'는 사용할 수 없으므로 '군침이 돌다'의 '돌다'는 주변 의미로 사용된 것이라는 추론이 가능합니다.

③ 문단 (라)에 따르면 다의어의 중심 의미와 주변 의미는 서로 관련성을 갖는다고 했습니다. 그런데 '결론에 이르다'의 '이르다'와 '포기하기에는 아직 이르다'의 '이르다' 사이에는 의미적 관련성이 없기 때문에 이 두 단어는 동음이의어에 해당합니다.

④ 문단 (가)에 따르면 중심 의미는 일반적으로 주변 의미보다 사용 빈도가 높습니다. '앉다'는 중심 의미가 '착석하다'이고, 주변 의미가 '직위나 자리를 차지하다'이기 때문에 ④는 추론 가능합니다.

⑤ 문단 (가)에 따르면 중심 의미는 일반적으로 주변 의미보다 언어 습득 시기가 빠릅니다. '별'은 중심 의미가 '천체의 일부'이고, 주변 의미가 '군인의 계급장'이기 때문에 추론이 가능합니다.

사회 ❶

1단계 그림과 함께 읽기 **본문 45쪽**

재판을 참관해요

1 (1) 검사 (2) 변호사 (3) 판사 (4) 증인 (5) 배심원

2 형사

1. 법정은 재판을 하는 장소로, 재판정이라고도 합니다. 재판에는 민사 재판, 형사 재판 등이 있는데 재판의 종류에 따라 과정이 조금 다릅니다. 일반적으로 형사 재판의 경우 죄를 지었다고 생각되는 피고인에게 벌을 주기 위해 검사가 재판을 요구하면서 시작됩니다. 재판에서 검사는 피고인의 죄를 증명하고, 변호사는 피고인 입장에서 피고인이 죄가 없음을 증명합니다. 판사는 변호사의 변론 내용과 증인의 의견을 들은 뒤 판결을 내립니다. 국민 참여 재판에서는 판사가 배심원들의 판단을 참고하기도 합니다.

2. 민사 재판은 개인 간의 다툼을 판단하는 재판이기 때문에 다투는 두 대상과 판사만 참여합니다. 형사 재판의 경우에만 검사가 필요합니다. 또한 배심원이 참여하는 국민 참여 재판은 형사 재판에서만 시행됩니다.

2단계 초등 교과서 읽기 　　　　　　　본문 **47쪽**

법원이 하는 일을 알 수 있어요

1 (1) **법원**　(2) **재판**　(3) **재판**

2 (1) ⓛ　(2) ⓒ　(3) ㉠

3 ⑤

2. 재판의 종류에는 민사 재판, 형사 재판, 행정 재판 등이 있습니다.

　민사 재판은 개인의 권리와 관련된 것이고, 형사 재판은 범죄와 형벌에 관련된 것입니다.

3. 국민 참여 재판은 형사 재판에서만 시행됩니다.

3단계 수능형 지문 읽기 　　　　　　　본문 **51~53쪽**

국민 참여 재판을 이해해요

● 글 해설

이 글은 2008년부터 시행하고 있는 국민 참여 재판에 대해 소개하고 있는 글이다 〈국민의 형사 재판 참여에 관한 법률〉에 명시된 내용을 바탕으로 일반 국민이 국민 참여 재판의 배심원으로 선정되는 방법과 배심원으로 선정되어 증거 조사를 지켜본 후 배심원들의 평의와 평결을 거쳐 최종적으로 재판장이 판결을 내리기까지의 과정을 배심원과 재판부의 역할을 중심으로 서술하고 있다.

● 주제

국민 참여 재판에서 배심원의 선정 과정과 역할

● 문단 요약

가 국민 참여 재판의 뜻 - 일반 국민이 형사 재판에 배심원으로 참여하는 제도

나 필요한 배심원의 수 - 사건에 따라 9명 혹은 7명

다 배심원 선정 과정 - 배심원 후보 예정자 명부 중 무작위 선정 후 참석자 대상으로 검사와 변호사 면담 후 최종 결정

라 배심원의 역할 - 재판을 살핀 후 평의 및 평결

마 재판장의 판결 - 배심원 의견을 참고하여 판결

어휘　**1** 무작위

　　　2 ①

1. '무작위'는 일부러 꾸미거나 뜻을 더하지 아니한다는 것으로, 일정한 기준이나 원칙 없이 하고 싶은 대로 한다는 단어인 '임의'와 뜻이 비슷합니다.

2. ㉠과 ①의 '내리다'는 모두 '판단 결정을 하거나 결말을 짓다'는 뜻으로 사용되었습니다.

　②, ③ '값이나 수치 온도 성적 따위가 이전보다 떨어지거나 낮아지다'는 의미입니다.

④는 '위에 있는 것을 낮은 곳 또는 아래로 끌어당기거나 늘어뜨리다'를 의미합니다.

⑤는 '명령이나 지시 따위를 선포하거나 알려 주다'는 뜻입니다.

이해

1 (1) 9, 7 (2) **무작위** (3) **만장일치**
(4) **재판부** (5) **유죄**

2 ③

도움글

1. (1) 문단 (나)에 나와 있습니다. 사건에 따라 배심원 수가 달라집니다.

(2) 문단 (다)에 나와 있습니다. 국민 참여 재판을 하고자 하는 해당 지방 법원은 배심원 후보 예정자 명부 중에서 필요한 수의 배심원 후보자를 무작위로 뽑아서 참석 날짜를 통지합니다.

(3), (4), (5) 문단 (라)를 보면 배심원과 예비 배심원들이 재판에 참여해서 평결하는 과정들이 나와 있습니다.

2. 문단 (다)를 보면 배심원 후보자가 배심원 선정 기일에 반드시 출석하여 검사와 변호인과 면담 후 최종 배심원으로 선정될 수 있다고 나와 있습니다.

① 예비 배심원은 배심원과 달리 평의와 평결에는 참여할 수 없다는 내용이 문단 (나)에 나옵니다.

② 국민 참여 재판은 피고인이 원하는 경우에만 열릴 수 있다는 내용이 문단 (가)에 나옵니다.

④ 국민 참여 재판에서 직접 판결을 선고하는 사람은 일반 국민이 아니라 재판장이라는 내용이 문단 (마)에 나옵니다.

⑤ 재판장이 배심원의 평결과 다르게 판결할 경우 반드시 판결서에 관련 내용을 기재해야 한다는 내용이 문단 (마)에 나옵니다.

응용 **1** ④

도움글

1. 평결서를 보면 배심원들은 피고인의 유·무죄에 대해 만장일치가 아닌 다수결로 의견을 제시했습니다. 문단 (라)에서, 다수결로 판결할 경우에는 사전에 반드시 재판부의 의견을 듣는 과정이 필요하다고 했습니다.

① 배심원 후보 예정자 명부에서 무작위로 배심원 후보자를 선정하여 통보하므로 배심원 후보자로 통보를 받았다는 것은 배심원 후보 예정자 명부에 포함되어 있었음을 의미합니다.

② 김한국 씨는 평의와 평결에 참여했기 때문에 배심원으로 선정된 것이 맞습니다.

③ 법정형으로 사형이나 무기 징역을 선고할 수 있는 사건의 경우에는 9명의 배심원이 필요한데, 평결 의견이 2:5이므로 7명의 배심원이 참여한 것으로 보아 이 내용은 맞습니다.

⑤ 양형에 대한 논의는 유죄로 평결이 된 경우에만 이루어진다고 했는데 평결과 판결이 모두 무죄이므로 양형에 대한 논의는 필요 없습니다.

사회 ❷

1단계 그림과 함께 읽기 본문 55쪽

가게에서 음식을 구매해요

1 (1) **월급** (2) **주급**

2 (1) **시키다** (2) **식혀서** (3) **식히다** (4) **시키고**

3 (예시 답안) 나라면 가격이 좀 비싸더라도 가장 맛있는 곳의 피자를 시키겠습니다. 맛있는 피자를 먹으면 기분이 좋아지기 때문입니다.

도움글

1. • 월급(月 달 월, 給 줄 급) : 한 달을 단위로 하여 지급하는 급료.

　• 주급(週 일주일 주, 給 줄 급) : 일주일을 단위로 하여 지급하는 급료.

2. • 시키다 : 어떤 일이나 행동을 하게 하다, 음식 따위를 만들어 오거나 가지고 오도록 주문하다.

　• 식히다 : 더운 기를 없애다. '식다'의 사동사.

2단계 　초등 교과서 읽기　　　본문 57쪽

경제 활동에 대해 알 수 있어요

1 (1) 오가는　(2) 오르락내리락했다
　(3) 주고받기　(4) 위아래

2 (1) 가　(2) 가　(3) 기　(4) 기　(5) 가

도움글

1. (1) 오가다 : 왔다가 갔다가 하다.

　(2) 오르락내리락하다 : 올라갔다 내려갔다 하는 것을 되풀이하다.

　(3) 주고받다 : 서로 주기도 하고 받기도 하다.

　(4) 위아래 : 아래와 위 또는 윗사람과 아랫사람을 아울러 이르는 말.

2. (2)가 미용실의 입장이 되어 "미용실 원장이 손님의 머리를 잘라 주었습니다"라면 기업에 대한 설명이라고 할 수 있습니다.

3단계 　수능형 지문 읽기　　　본문 60~63쪽

협동조합에 대해 알 수 있어요

● 글 해설
이 글은 협동조합의 개념과 특징을 설명한 글이다. 협동조합은 뜻을 같이하는 사람들이 일정 금액을 모아 공동의 경세, 사회, 문화적 수요와 요구를 충족시키기 위해 자발적으로 결성한 단체를 말한다. 협동조합은 운영 방식 및 사업 목표가 조합원을 중심으로 결정되고, 조합원의 의사를 존중한다. 그러나 협동조합은 빠른 자본 조달이 어렵고 의사 결정 기간이 상대적으로 길다는 단점이 있다. 이를 해결하기 위해서는 조합원이 서로 협동조합의 가치를 공유하여야 하고, 협동조합 간의 긴밀한 협력이 필요하다.

● 주제
협동조합의 개념과 협동조합의 특징

● 문단 요약
㉮ 협동조합 – 뜻을 같이하는 사람들이 돈을 모아 공동의 요구를 충족시키는 조직

㉯ 협동조합의 목적 – 이윤 추구가 아닌 조합원 간의 상호 부조

㉰ 협동조합의 특징 – 조합원 한 사람 한 사람의 의견 존중

㉱ 협동조합의 단점 – 신속한 자본 조달이 어렵고 의사 결정이 느림

어휘

1 협동조합

2 (1) 타　(2) 의어　(3) 삼인　(4) 의

3 (1) ©　(2) ㉡　(3) ㉠　(4) ㉣

4 ③

도움글

4. '부여'는 사람에게 권리·명예·임무 따위를 지니도록 해 주거나, 사물이나 일에 가치·의의 따위를 붙여 주는 것을 이르는 말입니다.

③에서는 '일정하게 갈라서 나눈다'는 뜻의 '분배'가
쓰여야 합니다.

이해

1 ②

2 (1) 주 (2) 주 (3) 협 (4) 협 (5) 협 (6) 주

도움글

1. 문단 (라)에서 협동조합은 구조적 특성상 신속한 자본 조달이 어렵다는 단점을 지닌다고 하였습니다.

2. 주식회사는 이윤 추구가 목적이고, 주식을 많이 가진 사람들의 의사 결정권이 더 큽니다. 협동조합은 가입과 탈퇴가 자유롭고 조합원 한 사람의 의사 결정권이 동등합니다. 협동조합은 신속한 자금 조달이 어렵고 의사 결정이 상대적으로 느린 반면 주식회사는 자금 조달이 비교적 쉽고 결정을 신속하게 내릴 수 있습니다.

응용

1 ①

도움글

1. 문단 (나)에서 협동조합은 모든 조합원이 공동으로 소유한다고 제시되어 있으므로 바르사의 소유주는 조합원에 의해 선정된다는 것은 적절하지 않습니다. 협동조합의 소유주는 조합원 전체입니다.

② 출자금을 내면 누구나 바르사의 조합원이 될 수 있었다는 것은 문단 (나)에서 협동조합은 가입이 자유롭다고 제시되어 있는 것과 같습니다.

③ 바르사가 광고료를 받지 않고 광고를 해 주었다는 것은 문단 (나)에서 협동조합의 사업 목적이 이윤의 추구가 아니라고 제시된 내용과 같습니다.

④ 수익금은 유소년 축구 클럽 육성과 시설 개선에 쓰인다는 것은 문단 (나)에서 조합 수익금이 협동조합의 발전에 쓰인다는 내용과 같습니다.

⑤ 조합원이 클럽 회장 선거에서 한 표를 행사할 수 있었다는 것은 문단 (다)에서 조합원에게 한 표의 의사 결정권이 부여된다는 것과 같습니다.

사회 ③

본문 65쪽

1단계 그림과 함께 읽기

'국경없는의사회'의 활동을 알 수 있어요

1 ③

2 (1) 알약 (2) 주사기

3 (예시 답안) '국경없는의사회'는 의료 구호 단체입니다. 의료 지원이 부족하고 전쟁 등의 재난을 겪는 곳에서 의료 활동을 펼치는 곳 같습니다.

도움글

1. 포스터는 전달하고자 하는 내용이 잘 보이도록 하기 위해 간단하고 인상적으로 표현해야 합니다.

2. 인터넷을 이용하여 좀 더 찾아보는 것도 좋습니다.

2단계 초등 교과서 읽기

본문 67쪽

국제 연합의 활동에 대해 알 수 있어요

1 마을

2 국제 연합(UN)은 지구촌의 평화 유지, 전쟁 방지, 국제 협력 활동을 하는 단체입니다.

3 갈등

도움글

2. 국제 연합은 제2차 세계 대전이 끝난 뒤 만들어진 국제 기구입니다. 지구상에 있는 나라들끼리 힘을 모아 세계의 평화와 안전을 지키자는 목적으로 활동하고 있습니다. 영문 표기인 'United Nations'를 줄여 유엔(UN)이라고도 부릅니다.

3. 갈등의 '갈'은 칡을, '등'은 등나무를 가리킵니다. 칡

과 등나무가 한 나무에 감겨 올라가게 되면 칡은 왼쪽으로, 등나무는 오른쪽으로 감고 올라가기 때문에 단단히 얽혀 서로 문제가 생기지요. 이처럼 칡 덩굴과 등나무 덩굴이 서로 얽힌 모습에서 갈등이라는 말이 생겨났습니다. 일상에서 자주 사용하는 말이니 유래를 알아 두면 좋습니다.

3단계 수능형 지문 읽기　　　　본문 70~73쪽

냉전에 대해 이해할 수 있어요

● 글 해설

이 글은 냉전의 기원에 대한 연구 결과를 세 가지로 나누어 설명하는 글이다. 냉전의 책임에 대한 논의는 편의상 '전통주의', '수정주의', '탈수정주의'로 나눌 수 있다. 가장 먼저 나타난 전통주의는 냉전을 유발한 근본적 책임이 소련의 팽창 정책에 있다고 본다. 수정주의는 전통주의를 비판하는 견해로, 냉전의 책임이 경제적 동기에서 비롯된 미국의 정책에 있다고 보는 입장이다. 마지막으로 탈수정주의는 전통주의와 수정주의의 주장을 절충한 견해로, 냉전의 책임은 양국에 다 있다고 본다. 그런데 탈수정주의의 주장은 무난해 보이지만 역사적 현상의 중심적 경향성을 설명하지 못하는 한계가 있다.

● 주제

냉전의 책임 소재에 대한 세 가지 주장

● 문단 요약

㉮ 냉전의 기원에 대한 논의

㉯ 전통주의 - 냉전의 책임은 소련에 있다는 입장

㉰ 수정주의 - 냉전의 책임은 미국에 있다는 입장

㉱ 탈수정주의 - 냉전의 책임은 미국, 소련 양국에 다 있다는 입장

어휘

1 (1), (3), (4), (6)

2 (1) ㉢　(2) ㉣　(3) ㉠　(4) ㉤　(5) ㉡

도움글

1. '동기'는 소리는 같지만 뜻이 다른 말들이 있습니다.

(2)의 동기는 '같은 시기에 같은 곳에서 교육이나 강습을 함께 받은 사람'의 뜻입니다.

(5)의 동기는 '같은 시기 또는 같은 기간'이라는 뜻입니다.

이해

1 전통주의, 수정주의, 탈수정주의

2 (1) 소련　(2) 미국　(3) 상호 작용　(4) 봉쇄

응용

1 (가) ㉢　(나) ㉠　(다) ㉡

2 ③

도움글

1. 제시 글의 (가)는 미국과 소련이 각기 자국의 방어를 위한 조치를 취하자 상대방의 조치를 위협적인 행동으로 인식한 양국이 대응 조치를 강화했는데, 이것이 오히려 자국 안보를 더 위태롭게 했다는 내용입니다. 이것은 결국 미국과 소련이 대치하게 된 것이 어느 한쪽 책임이 아닌 양국이 추진한 정책의 상호 작용에 의해 발생했다는 견해와 방향성이 같으므로 (가)는 ㉢의 탈수정주의 견해와 부합된다고 볼 수 있습니다.

(나)는 미국이 좀 더 일찍 적극적으로 봉쇄 정책을 폈더라면 동유럽이 소련의 영향 아래 들어가지 않았을 것이라는 내용이므로 ㉠의 전통주의 견해와 부합된다고 볼 수 있습니다.

(다)는 세계 철강 총생산량이나 에너지 소비량에서 미국이 소련보다 훨씬 앞서므로 국력 면에서 미국이 소련보다 압도적이었다는 내용입니다. 이것은 소련이 미국에 비해 국력이 미약했기 때문에 적극적 팽창 정책을 수행할 능력이 없었다는 견해와 방향성이 같습니다. 따라서 (다)는 ㉡의 수정주의 견해와 부합된다고 볼 수 있습니다.

2. 수정주의는 경제적 동기에서 비롯된 미국의 정책으로 냉전이 되었다는 주장이고, 전통주의는 소련의

팽창 정책에 대해 자유 민주주의 세계를 지켜야 한다는 도덕적 책임감에서 미국이 봉쇄 정책을 수행했다고 보는 주장입니다. 따라서 미국의 봉쇄 정책이 소련의 공격적 팽창 정책에 대한 대응이었다는 주장은 수정주의가 아니라 전통주의 견해입니다.

3 (예시 답안) 단열재를 사용하면 겨울이나 여름에 적절한 실내 온도를 유지할 수 있습니다

도움글

2. 차가운 컵을 손으로 들면 손의 열이 컵으로 가는 것을 막으면서 손 시려움을 방지합니다.
3. 단열재를 사용하면 여름의 뜨거운 열기를 막아 주고, 겨울에 실내 온기를 빼앗기지 않습니다.

과학 ❶

1단계 그림과 함께 읽기 　　　　　본문 77쪽

석빙고의 원리를 알 수 있어요

1 돌, 얼음, 창고

2 〈가로〉 ② 단열
　 〈세로〉 ① 차단 ③ 열기

3 ①

도움글

3. 짚은 단열재 역할을 할 뿐 더 차갑게 만들어 주는 것은 아닙니다. 얼음을 차갑게 보관하는 석빙고의 과학적인 원리를 그림으로 보여 주고 있습니다.

2단계 초등 교과서 읽기 　　　　　본문 79쪽

열의 이동 원리를 이해해요

1 (1) 전도　(2) 대류

2 (1) 대　(2) 단　(3) 전　(4) 단

3단계 수능형 지문 읽기 　　　　　본문 82~85쪽

석빙고의 과학적 원리를 이해해요

●글 해설
이 글은 석빙고의 원리에 대해 설명한 글이다. 석빙고의 낮은 온도를 유지하기 위해 얼음을 모아서 보관하고 일부 녹은 얼음의 물은 빨리 배출되게 했다. 최대한 밀폐하여 외부 에너지를 차단하고 더워진 공기는 밖으로 나가게 통풍구를 만들었다. 통풍구에는 직사광선이 들 수 없게 돌을 덮었다. 또한 짚을 사이에 넣어 단열재 역할을 하게 했고, 외부에는 흙과 풀을 덮었다.

●주제
석빙고의 과학적 원리

●문단 요약
가 석빙고의 기능에 대한 설명
나 공기 냉각 원리와 배수 장치 설치
다 천장 상단 통풍구와 덮개돌의 기능
라 얼음과 얼음 사이에 넣는 짚의 단열 효과
마 외부 에너지 차단 장치와 설치 지반

어휘

1 ①

2 (1) 상승 (2) 유입 (3) 천연

3 (1) 배수 (2) 배기 (3) 배변

도움글

1. '떨어지다'는 두 가시 이상의 뜻을 가진 다의어입니다. 본문에 나온 '떨어지다'는 '다른 것보다 수준이 처지거나 못하다'라는 의미로 쓰였기 때문에 ①이 본문의 의미와 가장 가깝습니다.

②에서 '떨어지다'는 '명령이나 허락 따위가 내려지다'라는 의미입니다.

③에서 '떨어지다'는 '정이 없어지거나 멀어지다'는 의미로 쓰였습니다.

④에서 '떨어지다'는 '함께하거나 따르지 않고 뒤에 처지다'는 의미로 쓰였습니다.

⑤에서 '떨어지다'는 '말이 입 밖으로 나오다'는 의미로 쓰였습니다.

2. (1) 상승 : 낮은 데서 위로 올라감.

(2) 유입 : 액체나 기체, 열 따위가 어떤 곳으로 흘러듦.

(3) 천연 : 사람의 힘을 가하지 아니한 상태.

이해

1 (1) 대류 (2) 단열

2 ③

도움글

2. 문단 (다)에 따르면 석빙고 내부의 따뜻해진 공기는 아치형 천장 상부 통풍구로 빠져나가서 차가운 상태를 유지하는 것이지 외부 공기를 이용하는 것은 아닙니다.

① 문단 (마)에 따르면 석빙고 외부에 심은 풀이 태양의 복사 에너지로 인한 내부 온도 상승을 막는 데 도움을 준다는 것을 알 수 있습니다.

② 문단 (가)에 따르면 석빙고는 내부를 냉각시킨 후 얼음을 저장한다는 것을 알 수 있습니다.

④ 문단 (마)에 따르면 빙실은 온도 유지를 위해 주변 지반에 비해 낮게 만들었음을 알 수 있습니다.

⑤ 문단 (다)에에 따르면 통풍구 덮개돌이 얼음에 영향을 줄 수 있는 직사광선이나 빗물을 차단하는 역할을 함을 알 수 있습니다.

응용

1 ③

2 ④

도움글

1. 이글루의 물이 눈 벽돌 사이를 메우면서 얼어 만들어진 얼음 벽은 외부의 공기 출입을 막는 역할을 하는 것은 적절합니다. 그러나 문단 (라)에 따르면 석빙고 얼음 사이에 넣은 짚은 접촉하고 있는 두 물질 사이에 에너지가 잘 전달되지 않도록 하는 것이므로 외부의 공기 출입과는 무관합니다.

① 이글루 얼음 벽은 내부의 에너지 유출을 막는 것이고, 석빙고의 흙은 내부로 유입되는 에너지를 막는 역할을 합니다.

② 석빙고의 얼음 사이 짚과 이글루의 눈 벽돌 사이의 물은 공기 출입을 막는 단열 효과가 있기 때문에 맞는 설명입니다.

④ 석빙고와 이글루 모두 공기의 대류 현상을 이용합니다. 공기 밀도의 변화에 따른 에너지 이동은 대류를 말하는 것이므로 맞는 설명입니다.

⑤ 석빙고는 얼음을 저장하기 전 내부를 냉각시키려고 출입구를 개방합니다. 이글루는 내부 온도 상승으로 눈 벽돌이 녹아 물이 생기면 출입구를 열어 온도를 낮춘다고 했기 때문에 둘 다 내부 온도를 낮추기 위해 출입구를 활용한다는 설명은 적절합니다.

2. ① 비판적인 시각은 드러나 있지 않습니다.

② 이 내용에서는 다양한 자료를 비교한 내용은 없습니다.

③ 궁금한 내용이 해결되었다고 적혀 있으며 글에서 생략된 내용에 대한 언급은 없습니다.

④ 다른 나라에도 이와 같은 시설이 더 있는지 알아보겠다고 했습니다.

⑤ 자신의 과학 지식을 바탕으로 점검하는 내용은 드러나 있지 않습니다.

1단계 그림과 함께 읽기 　　　본문 87쪽

뼈와 관련된 속담을 알 수 있어요

1 (1) 뼈를 깎는　(2) 뼈 빠지게
　(3) 뼈를 묻을　(4) 뼈도 못 추릴

2 (1) ⓒ　(2) ⓐ　(3) ⓑ

도움글

1. (1)과 (2)는 유사한 의미이지만 문장에서 사용될 형태를 보고 고르도록 합니다.

　(1) 뼈를 깎다 : 몹시 견디기 어려울 정도로 고통스러움.

　(2) 뼈 빠지게 : 오랫동안 육체적 고통을 견디어 내면서 힘겨운 일을 해 나가는 것을 비유적으로 이름.

　(3) 뼈를 묻다 : 단체나 조직에 평생토록 헌신함.

　(4) 뼈도 못 추리다 : 죽은 뒤에 추릴 뼈조차 없을 만큼 상대와 싸움의 적수가 안 되어 손실만 보고 전혀 남는 것이 없음.

2. 사자성어의 뜻을 정확히 모를 때에는 사용 예시를 떠올려 보는 것도 좋습니다.

　• 각골난망 : 제가 어려울 때 도와주셨던 은혜가 각골난망입니다.

　• 골육상쟁 : 형과 동생이 재산을 놓고 골육상쟁을 벌였다.

　• 계란유골 : 계란유골이라더니, 하는 일마다 잘 안 되는구나.

2단계 초등 교과서 읽기 　　　본문 89쪽

뼈의 종류와 기능을 알 수 있어요

1 (1) 머리뼈　(2) 갈비뼈　(3) 등뼈
　(4) 손가락뼈　(5) 다리뼈

2 ③

도움글

2. ③은 '지지'로 바꿔 써야 합니다.

3단계 수능형 지문 읽기 　　　본문 92~95쪽

뼈의 재구성 과정을 이해해요

● 글 해설
이 글은 뼈의 재구성에 대한 개념과 뼈에 있는 세포들의 역할을 중심으로 뼈의 재구성 과정에 대해 설명한다. 뼈의 재구성에는 뼈 모세포, 뼈세포, 뼈 파괴 세포가 관여하며 이런 재구성 과정을 통해 뼈는 다시 튼튼해진다. 뼈의 재구성은 외부 환경에 영향을 받고 나이에 따라 다르게 진행된다.

● 주제
뼈의 재구성 과정

● 문단 요약
가 뼈는 우리 몸을 지지하고 장기를 보호하며 재구성 과정을 거친다.

나 뼈 모세포, 뼈세포, 뼈 파괴 세포가 뼈의 재구성에 관여한다.

다 뼈의 재구성 과정을 통해 뼈는 다시 튼튼해진다.

라 뼈의 재구성은 압력과 같은 외부 환경에 영향을 받는다.

마 뼈의 재구성은 나이에 따라 다르게 진행된다.

어휘

1 (1) ㉡ (2) ㉠

2 (1) 〈가로〉 밀도 〈세로〉 강도

(2) 〈가로〉 분열 〈세로〉 분해

3 (1) 뼈 파괴 세포 (2) 뼈 모세포

4 (1) 유지 (2) 풍부 (3) 분비

(4) 감소 (5) 보강

도움글

3. 문단 (다)에서 뼈 파괴 세포가 뼈 바탕질을 녹이면 뼈 모세포가 뼈 바탕질을 새롭게 형성한다고 했습니다.

이해

1 ⑤

2 ⑤

도움글

1. 문단 (마)에서 30대 후반을 넘어서면서 뼈의 파괴가 생성보다 조금씩 활발해지면서 뼈의 밀도는 점차 감소되기 시작한다고 했습니다.

2. 뼈의 재구성이 진행되는 과정 중 뼈 파괴 세포에 의한 뼈 바탕질의 분해 과정에서부터 뼈 바탕질을 생산하기 위해 뼈 모세포가 분열된 과정을 그린 것입니다. 1단계는 뼈 파괴 세포에 의한 뼈 바탕질이 분해되는 과정이고, 2단계는 뼈 파괴 세포가 녹인 뼈 바탕질의 자리로 새로운 뼈 바탕질을 생산하기 위해 뼈 모세포가 이동한 과정이고, 3단계는 뼈 모세포가 뼈 바탕질을 생산하려고 분열한 과정입니다.

문단 (나)에서 뼈세포는 더 이상 뼈 바탕질을 생산할 수 없는 세포라고 설명하고 있으며, 문단 (다)에서 뼈의 재구성 중 뼈 바탕질을 새롭게 생성하던 뼈 모세포들 중 일부는 새로운 뼈 바탕질을 생산할 수 없는 뼈세포가 된다고 했습니다. 따라서 뼈세포가 뼈 바탕질을 생산한다는 것은 잘못된 내용입니다.

응용

1 ①

2 ①

도움글

1. 제시 글은 우주와 같은 중력이 낮고 압력이 낮은 공간에서의 뼈의 재구성에 대해 학생이 추론한 내용입니다. 문단 (라)에서 중력이 낮은 공간에서 뼈는 지구에서처럼 중력에 의한 압력을 견딜 만큼 단단해질 필요가 없어지므로, 뼈의 재구성 활동 중 뼈모세포의 활동이 줄게 되어 뼈의 단단한 정도가 약해지게 됩니다. 따라서 우주에서는 뼈 모세포의 활동이 뼈 파괴 세포의 활동보다 줄어 뼈의 강도가 약해진다는 것을 추론할 수 있습니다.

2. 뼈의 재구성은 일생 동안 일어난다고 나와 있습니다.

과학 ❸

1단계 그림과 함께 읽기   본문 97쪽

지구 온난화에 대해 알 수 있어요

1 (1) 지진 (2) 지구촌 (3) 온실 효과 (4) 냉난방 (5) 변화

2 (예시 답안) • 에어컨을 적절한 온도로 설정하고 에어컨은 되도록 자주 틀지 않겠습니다.

• 양치할 때 컵에 물을 받아 놓고 이를 닦는 습관을 기르겠습니다.

2. 그림에 나온 내용 중에서 골라 자신이 실천할 수 있는 일을 더 찾아 적어 봅니다.

2단계 초등 교과서 읽기 　　　　　본문 99쪽

물의 상태 변화에 대해 알 수 있어요

1 (1) 융해　(2) 응고

2 (1) 얼음　(2) 물

3 (1) 융　(2) 응　(3) 융　(4) 응　(5) 융　(6) 응

1. 고체 상태의 얼음이 녹아 액체 상태의 물로 변하는 현상을 융해라 하고, 물질의 상태가 액체에서 고체로 변하는 현상을 응고라고 한다는 내용이 글에 나와 있습니다.

2. 물은 얼음으로 변하면 부피가 늘어납니다. 부피가 늘어난 얼음과 물은 무게가 같습니다. 그렇기 때문에 부피가 같다면 물의 양이 더 많기 때문에 물이 더 무겁습니다.

3단계 수능형 지문 읽기 　　　　　본문 103~105쪽

북극 얼음에 대해 알 수 있어요

● 글 해설

이 글은 일상의 자연스러운 호기심을 과학적 사고방식으로 연결해 과학의 핵심 개념을 알기 쉽게 전달하는 내용이다. 지문으로 제시한 부분에서는 '북극 얼음은 왜 녹지 않는가'라는 질문의 답을 열에너지의 전달 원리, 물체의 면적과 부피 간의 관계를 중심으로 찾아내고 있다.

● 주제

북극의 얼음이 10℃에도 녹지 않는 이유

● 문단 요약

가 북극의 얼음은 10℃에도 왜 다 녹지 않을까? - 의문 제기

나 한 변의 길이가 같은 얼음은 1개나 8개나 녹는 시간이 같다.

다 한 변의 길이가 1㎝인 정육면체 얼음을 붙이면 녹는 시간이 늘어난다.

라 얼음이 녹는 시간은 얼음 부피가 클수록 오래 걸리고 물에 닿는 면적이 클수록 짧아진다.

마 북극 얼음은 매우 크고 물에 닿는 면적이 한 면뿐이라서 10℃가 넘어도 다 녹지 않는다.

어휘

1 (1) ① 해빙, ② 빙하　(2) ① 수온, ② 기온

2 ⑤

2. 제시 글 ㉠의 '넘기지'는 '일정한 시간, 시기, 범위 따위에서 벗어나게 하다'라는 뜻으로, 문맥상 시간과 관련되어 쓰였습니다. ⑤는 '넘기다'가 '일주일'이라는 시간과 관련되어 쓰였기 때문에 ㉠과 문맥적 의미가 가장 비슷합니다.

①은 음식물, 침 따위를 목구멍으로 넘어가게 하다는 의미입니다.

②는 서 있는 것을 넘어지게 하다는 의미입니다.

③은 높은 부분의 위를 지나가게 하다는 뜻입니다.

④는 물건, 권리나 책임, 일 등을 맡기다는 뜻입니다.

이해

1 ⑤

2 ①

1. 처음에는 1cm 한 조각을, 두 번째는 1cm 8개를, 세 번째는 1cm 조각 8개를 붙여서 2cm 정육면체를 만들었습니다. 이 조건에 맞는 것은 ⑤입니다.

2. (라) 문단에서 얼음덩어리의 크기가 작아지면 그만큼 더 빨리 녹기 때문에 얼음을 이용해 물을 차갑게 하거나 열을 내리고자 할 때는 크기가 큰 얼음덩어리보다 잘게 부순 얼음 조각을 쓰는 것이 훨씬 효율적이라고 했습니다.

   ② (바) 문단에서 물에서 얼음으로 열에너지가 전달된다고 하였으므로 온도가 높은 곳에서 낮은 곳으로 이동한다는 것은 맞는 내용입니다.

   ③ (마) 문단에서 북극 얼음은 계산하기 어려울 정도로 매우 크고 물에 닿는 면이 한 면뿐이고, 닿는 면적에 비해 부피가 매우 크기 때문에 10℃가 넘는 북극의 한여름에도 다 녹지 않고 바다에 떠있을 수 있다고 했습니다.

   ④ (라) 문단에 나와 있습니다. 면적이 클수록 물에서 얼음으로 전달되는 열에너지의 양이 늘어나기 때문에 얼음이 빨리 녹는 것입니다.

   ⑤ (라) 문단에서 빨리 열을 내리려면 큰 얼음덩어리보다 작은 얼음 조각을 쓰는 것이 훨씬 효율적이라고 했습니다.

응용 **1** ⑤

1. 얼음이 잘 녹지 않으려면 접촉 면적이 줄어들거나 부피가 매우 크게 늘어나야 한다고 했기 때문에 얼음들을 정육면체인 한 덩어리로 만들어 보관하면 각각의 얼음 조각이 공기에 닿는 것보다 접촉 면적이 줄어들고 부피가 커집니다. 따라서 이 방법은 얼음이 잘 녹지 않게 하는 데 가장 효율적입니다. 하지만 부피가 큰 얼음덩어리는 쓰기에 불편하기 때문에 석빙고에서는 얼음과 얼음 사이에 단열 효과가 있는 지푸라기 등을 넣어서 보관했습니다.

과학 ④

1단계 그림과 함께 읽기   본문 107쪽

몸에서 나는 소리를 알 수 있어요

1 (1) ㉣ (2) ㉮ (3) ㉠ (4) ㉢ (5) ㉫ (6) ㉡

2 (1) 후-㉢ (2) 쿵쿵-㉣ (3) 우두둑-㉠
(4) 뽕-㉮ (5) 쩝쩝-㉡

1. 우리 몸은 감각 기관, 운동 기관, 소화 기관, 순환 기관, 호흡 기관, 배설 기관 등으로 구성되어 있습니다. 몸속 기관들은 서로 조화를 이루어야 건강한 생활을 할 수 있습니다.

2. 우리 몸이 움직일 때 다양한 소리가 납니다. 이 소리들은 각 기관의 활동과 관련이 있습니다.

2단계 초등 교과서 읽기   본문 109쪽

인공 기관에 대해 알 수 있어요

1 인공

2 운동 기관

3 ④

1. '인공'은 사람의 힘으로 자연에 대하여 가공하거나 작용을 하는 일이라는 뜻이 있습니다. 이 외에도 인공 폭포, 인공 눈물과 같이 사용됩니다.

2. 의수와 의족은 부상 등의 이유로 사용할 수 없게 된 손과 발 대신 인공으로 만들어서 대체할 수 있는 물건입니다. 움직임과 관련이 있기 때문에 운동 기관과 관련 있습니다.

3. '대신'의 의미는 '어떤 대상의 자리나 구실을 바꾸어서 새로 맡음. 또는 그렇게 새로 맡은 대상', '앞말이 나타내는 행동이나 상태와 다르거나 그와 반대임을 나타내는 말'이라는 뜻이 있습니다.

④의 앞말과 뒷말이 반대의 의미가 아니기 때문에 바르지 않습니다. '그녀는 얼굴이 예쁜 대신 마음씨는 고약하다'와 같이 써야 맞습니다.

안전한 이식편에 대해 알 수 있어요

● 글 해설
이 글은 손상된 신체의 세포, 조직, 장기를 대체하는 장기 이식의 종류와 이상적인 이식편 개발을 위한 연구의 성과와 문제점에 대해 설명하고 있다.

이식편은 이식을 통해 옮겨 붙이는 세포, 조직, 장기를 말한다.

다른 사람의 이식편을 이용하는 '동종 이식'을 실시할 경우 면역적 거부 반응이 수반된다. '전자 기기 인공 장기'의 이용은 여러 가지 기술적 한계를 드러내고 있다. 다른 동물의 이식편을 인간에게 이식하는 '이종 이식'의 경우, 거부 반응 등이 발생하기 때문에 이러한 거부 반응을 일으키는 유전자를 제거하는 연구가 진행되고 있고 내인성 레트로바이러스 문제가 있어서 내인성 레트로바이러스를 제거하는 기술이 개발되고 있다.

● 주제
장기 이식과 이상적인 이식편 개발을 위한 연구

● 문단 요약
㉮ 신체 세포, 조직, 장기가 손상되었을 때 이식을 할 수 있다.

㉯ 여러 가지 장기 이식 방법이 있지만 아직 기술이 완전하지 못하다.

㉰ 이종 이식의 장점을 이용한 연구가 진행되고 있다.

㉱ 이종 이식에서는 내인성 레트로바이러스 문제가 존재한다.

㉲ 이상적인 이식편을 개발하기 위한 연구가 수행되고 있다.

 어휘

1 (1) 이식편　(2) 역전사 효소
2 같은, 다른

도움글

1. (1) 문단 (가)에 나와 있습니다.
　(2) 문단 (라)에 나와 있습니다.
2. 한자의 의미를 보고 동종 이식과 이종 이식의 의미를 파악해 보도록 합니다.

이해

1 (1) 면역 억제제　(2) 부품　(3) 유전자
2 ①

도움글

1. 문단 (라)에서 레트로바이러스는 역전사 효소를 갖는 바이러스라고 했습니다. 그러므로 레트로바이러스가 숙주 세포의 역전사 효소를 이용해 RNA를 DNA로 바꾼다는 진술은 적절하지 않습니다.

② 문단 (라)에서 내인성 레트로바이러스는 사람을 포함한 모든 포유류에 존재한다고 언급하고 있으며, 문단 (마)에서 레트로바이러스에 감염되고도 살아남은 자손의 모든 세포가 내인성 레트로바이러스를 갖게 되었다고 언급하고 있으므로 포유동물은 과거에 어느 조상이 레트로바이러스에 의해 감염된 적이 있다고 볼 수 있습니다.

③ (마) 문단에서 내인성 레트로바이러스는 다른 종의 세포 속에 주입될 경우 레트로바이러스로 변환되어 그 세포를 감염시키기도 한다고 했습니다. 그러므로 이종 이식을 하는 것만으로도 바이러스 감염의 원인이 될 수 있습니다.

도움글

1. 문단 (라)에서 내인성 레트로바이러스의 문제는 이종 이식에서 나타나는 문제임을 알 수 있습니다. 동종 이식편은 내인성 레트로바이러스를 제거할 필요가 없으므로 세포 기반 인공 이식편이 '동종 이식편과 달리 내인성 레트로바이러스를 제거할 필요가 없다'는 진술은 적절하지 않습니다.